Dieter Heri Mader

Meditationen für Lichtarbeiter

Mit dem Moment unserer Geburt treten
wir die Reise in die äußere Welt an.

Meditationen leiten uns
auf die Reise in die innere Welt.

-

Die Reisen in die äußere Welt können uns
überallhin führen.

Die Reise nach Innen führt uns
nach Hause.

Dieter Heri Mader

Meditationen für Lichtarbeiter

Reisen in die innere Welt

MERANO-VERLAG

Bibliographische Information der Deutschen Bibliothek:
Die Deutsche Bibliothek verzeichnet diese Publikation in der Deutschen Nationalbibliographie; detailliertere bibliographische Daten sind im Internet über <http://dnb.d-nb.de> abrufbar.

1. Auflage

Herstellung: Books on Demand GmbH, Norderstedt
Printed in Germany

ISBN-13: 978-3-9806781-7-9

Inhalt:

Für meine Freundin

Petra

und für alle Menschen
die mithelfen,

diese Welt zu einem freundlicheren Ort
zu machen.

Vorwort

Liebe Leser,

die in diesem Buch enthaltenen Meditationstexte sind speziell für Lichtarbeiter entwickelt worden.

Sie dienen der Entspannung und behandeln darüber hinaus auch Themen für die gezielte Weiterentwicklung innerer Wahrnehmungsfähigkeiten.

Sie finden hier zahlreiche praxiserprobte Texte, die sich ganz hervorragend dazu eignen, die persönliche geistig-spirituelle Entwicklung effektiv zu unterstützen.

Durch das gezielte Heranführen an ganz bestimmte innere Bilder und Situationen wird die sanfte Transformation der eigenen Persönlichkeit wirkungsvoll unterstützt – hin zu einem liebenden und verständnisvollen Menschen.

Die Texte bauen ganz bewusst aufeinander auf. Werden sie der Reihe nach „durchgearbeitet“, dann entfalten sich immer wieder neue positive Effekte.

Über allgemeine Entspannungsmeditationen wird zunächst ein Zustand der inneren Ruhe eingeübt.

Entspannung ist eine ganz wesentliche Voraussetzung für ein erfolgreiches geistig-energetisches Arbeiten.

Bei der Anwendung von geistigen Methoden kommt es immer wieder darauf an, durch klare Gedanken zielgerichtete Vorgänge und auch Ergebnisse zu visualisieren, die sich dann in der materiellen Welt verwirklichen können.

Das Visualisieren selbst wird in den Meditationstexten geübt über Farben, Gerüche, Tastempfinden, Temperatur und vieles mehr.

Körperliche Sinne, die im Wachzustand vorhanden sind, werden damit auch im meditativen Zustand angesprochen und stimuliert.

Über die wiederkehrende Entspannungsmethode mit Hilfe von Prismen-, Chakren- oder Regenbogen-Farben wird erreicht, dass die Teilnehmer der Meditationen durch gezielte Wiederholungen von Mal zu Mal immer schneller in ihren gewünschten Entspannungszustand kommen.

Durch mehrmaliges Üben lässt sich die Fähigkeit trainieren, sich innerhalb weniger Sekunden bereits effektiv zu entspannen, um dann aus diesem entspannten Zustand heraus zum Beispiel Licht- und Heilarbeit oder andere geistig-energetische Praktiken und Übungen durchführen zu können.

Sie werden in den Texten die Erschaffung eines ganz persönlichen inneren Ortes für die Lichtarbeit erleben, und nach Ihren eigenen Vorstellungen ein Haus erbauen, das mit einem Arbeitsraum oder einer Praxis eingerichtet wird.

Dieser Arbeitsraum kann Ihnen bei der Durchführung geistig-energetischer Arbeiten oder Heiltechniken auf lange Sicht sehr nützlich und hilfreich sein.

Ein ganz wesentlicher Bestandteil der vorliegenden Texte sind die Übungen zur Energiearbeit oder Lichtarbeit.

Die Meditierenden lernen Schritt für Schritt mit geistigen Energien umzugehen.

Es wird mit heilenden Lichtkugeln gearbeitet und natürlich auch mit Heilenden Händen.

Das Visualisieren einer Schutzaura ist dabei enorm hilfreich, damit keine ungewollten Energien zwischen dem Klienten und dem Lichtarbeiter übertragen werden.

Ein besonderer Höhepunkt wird sicher der Kontakt zu einem ganz persönlichen Geistigen Helfer sein.

Die Geistigen Helfer stellen eine hilfreiche Verbindung in die geistige Welt dar, über die ein Lichtarbeiter sehr viel lernen und erfahren kann.

Mit ein wenig Übung können wir zum Beispiel auch lernen, uns von unseren Geistigen Helfern sehr wirkungsvoll bei der Methode der sogenannten „Geisteschirurgie" unterstützen zu lassen.

Das ist eine Methode, bei der chirurgische Eingriffe und Operationen visualisiert werden, die sehr effektiv zur Verbesserung des Gesundheitszustandes führen können.

Die Geistigen Helfer können jederzeit um Rat und Unterstützung gebeten werden. Die hilfreichen Erfahrungen, die bei der Zusammenarbeit mit Geistigen Helfern gemacht werden können, sind damit praktisch unbegrenzt.

Auch die eigenen Erkenntnisse und Fähigkeiten können sich über die Unterstützung durch diese Geistigen Helfer auf sehr angenehme Art und Weise weiterentwickeln.

Durch den Kontakt zum „Höheren Selbst", der mit den vorliegenden Meditationstexten ebenfalls hergestellt wird, wird eine gute Möglichkeit geschaffen, Antworten auf wichtige Fragen aus der Sicht der geistigen Welt zu erhalten.

Auch die Haupt-Energiezentren des menschlichen Körpers, die sieben Chakren, werden über die Meditation erspürt.

Und schließlich erhalten Sie die Möglichkeit, die Innenschau einmal auf ganz andere Art wahrzunehmen, nämlich mit Hilfe des eigenen Spiegelbildes.

Ziel dieses Buches ist es, Ihnen leicht verständliche Meditationstexte an die Hand zu geben.

Diese Texte wurden vielfach in der Praxis erprobt und bringen damit die besten Voraussetzungen mit, um das innere Wachstum eines Lichtarbeiters zu fördern.

Daneben wird es grundsätzlich auch sehr hilfreich sein, Seminare und Fortbildungen zum geistig-energetischen Arbeiten zu besuchen, denn praktische Übungen sind enorm wichtig und unerlässlich.

Auch die Zusammenarbeit mit anderen Lichtarbeitern, Energetikern oder Geistheilern ist absolut sinnvoll und sollte in jedem Falle genutzt werden, wo immer das möglich ist.

Auf Ihrem ganz persönlichen Weg nach Innen wünsche ich Ihnen möglichst viele liebevolle Erkenntnisse und dass es Ihnen gelingen mag, die selbst erfahrenen Momente der Liebe und vielleicht auch der Erleuchtung mit Ihren Mitmenschen zu teilen.

Möge die Welt durch unser aller Wirken ein Stück weit menschlicher und liebevoller werden.

Herzliche Grüße,

Ihr Dieter Heri Mader Kipfenberg, 4. Juli 2012

01 – Entspannungsmeditation

Anmerkungen

Wir leben heute in einer Welt, in der wir häufig mit Stressfaktoren und Hektik konfrontiert werden, und in der das „Burnout-Syndrom“ zur Volkskrankheit mutiert ist.

Kontinuierlich steigender Leistungsdruck bei oftmals schlechter Bezahlung, immer schneller werdende Prozesse im Arbeitsablauf und die auf breiter Front zunehmende Angst vor drohender Arbeitslosigkeit und damit verbundenem sozialen Abstieg sind in unseren Alltag vorgedrungen.

Scheinbar machtlos erkennen wir die politische Unvernunft vor der Kulisse der internationalen Euro-Krise und die äußerst fragwürdigen und unverständlichen Taktierungsmaßnahmen unserer politischen Führungskräfte.

In den Medien jagt eine Schreckensmeldung die nächste, die Experten streiten sich und niemand scheint wirklich kompetent zu sein, die Gesamtlage auch nur annähernd korrekt beurteilen zu können. Ganz zu schweigen davon, dass uns heute niemand wirklich deutlich sagt, was uns morgen erwarten wird.

Unter dem Aspekt all dieser äußeren und inneren Anspannungs- und Stress-Faktoren kommt der persönlichen Entspannung eine immer wichtiger werdende Bedeutung zu.

Und gerade für einen Menschen, der den Pfad nach Innen gehen möchte, um sich den geistigen Methoden der Lichtarbeit zu widmen, ist es absolut sinnvoll, wirkungsvolle Methoden zur Entspannung von Körper und Geist zu erlernen.

Die folgende erste Meditation dient dazu, in einen Zustand der inneren Ruhe und Entspannung zu führen. Zweck dieser Meditation ist es, dabei den Körper bewusst wahrzunehmen.

Es sind für die Teilnehmer keine Vorkenntnisse nötig.

Im wesentlichen genügt es, wenn die Teilnehmer der Meditation sich bequem hinsetzen oder hinlegen und die Augen schließen.

Zu ruhiger Musik spricht der Meditationsleiter dann den Text dieser Meditation – langsam und deutlich für alle Teilnehmer.

Es genügt völlig, wenn die Teilnehmer der Musik und den Worten lauschen und erste Entspannungs-Erscheinungen werden sich einstellen – beim einen mehr, beim anderen vielleicht etwas weniger.

Es mag sein, dass manche Teilnehmer nach der Meditation von auftretenden Kopfschmerzen berichten. Das darf durchaus als normal betrachtet werden für Menschen, die bisher keine Erfahrung oder Übung mit Meditationen haben.

Hier hat es sich als sehr hilfreich erwiesen, wenn diese Menschen sich vor dem inneren Auge vorstellen, wie aus den Fußsohlen lange Wurzeln in die Erde hineinwachsen. Und dann stellt man sich vor, wie alles, was an Energie oder Blockaden zuviel im Körper ist, einfach über diese Wurzeln in die Erde abfließt.

Die Erde ist so groß und so unendlich tief, dass sie in der Lage ist, alle ungewollten oder störenden Energien eines Menschen wirkungsvoll aufzunehmen und zu neutralisieren.

Es mag ein Vorteil sein, die Teilnehmer vor Beginn der Meditation auf dieses innere Bild der Verwurzelung mit der Erde anzusprechen, dann sind sie in der Lage, aufkeimenden Kopfschmerzen sofort wirkungsvoll zu begegnen.

Als Sprecher der vorliegenden Meditationstexte möchte ich Sie an dieser Stelle auch ermutigen, die Worte der vorliegenden Texte an die jeweilige Situation der Gruppe von Meditierenden anzupassen.

So ist es durchaus sinnvoll, die Texte bei Bedarf mit eigenen Worten zu ergänzen, Passagen zu kürzen oder sinnvoll abzuändern, ganz so, wie es Ihnen jeweils gut und richtig erscheint.

Die vorliegenden Texte sind lediglich Leitfäden, die sich schon vielmals bewährt haben, die aber dennoch auch zur eigenen Kreativität auffordern möchten.

Und nun wünsche ich Ihnen viel Erfolg und interessante Erfahrungen mit den Meditationen. Hier nun der Text für die erste Entspannungsübung:

Text

Wir legen oder setzen uns bequem hin und schließen unsere Augen.

Ganz bewusst atmen wir tief ein und aus – ganz ruhig atmen wir tief ein und aus – und wir spüren dabei, wie mit jedem Atemzug die Luft durch die Nase eingesogen wird und innen an den Nasenwänden entlang fließt.

Mit jedem Atemzug entspannen wir uns – mehr und mehr.

Ein Tag mit vielen Eindrücken liegt nun hinter uns, und wir lassen alle diese Eindrücke jetzt nach und nach los.

Wir nehmen nur noch unseren Atem wahr, spüren die einströmende Luft – und fühlen, wie sich unser Brustkorb mit jedem Atemzug hebt und senkt.

Ruhig und gleichmäßig atmen wir – und dabei entspannen wir uns mehr und mehr.

Wir lassen nun allmählich alle Sorgen und Belastungen des Tages hinter uns – und genießen die innere Ruhe, die sich mehr und mehr in uns ausbreitet.

Mit jedem Einatmen lassen wir Ruhe und inneren Frieden in uns einfließen – und mit jedem Ausatmen lassen wir die Sorgen und Belastungen aus uns ausströmen.

Wir haben uns eine Pause verdient und wissen, dass wir uns nach dieser kurzen Entspannungsübung wieder frisch und munter fühlen werden – um dann mit neuer Kraft die restlichen Aufgaben unseres Tages zu erledigen.

Wir atmen weiter – langsam und ruhig – ein und aus – und spüren die Luft in uns einströmen, fühlen, wie unser Brustkorb sich dabei hebt – und wie wir uns mit jedem Ausatmen mehr und mehr entspannen.

Wie eine Decke, die wir uns langsam von den Füßen her überziehen, spüren wir die Entspannung in uns aufsteigen – unsere Füße werden warm und entspannen sich.

Und diese Wärme steigt nun langsam über die Knöchel hoch in unsere Waden – dann weiter in die Knie – und von dort in unsere Oberschenkel.

Alle Muskeln in unseren Beinen entspannen sich dabei und ein angenehmes, wohliges Gefühl breitet sich in unseren Beinen von unten nach oben immer weiter aus.

Wir spüren, wie unsere Decke der Entspannung nun unser Becken erreicht und dann von uns über unsere Hüften heraufgezogen wird.

Unser ganzer Unterkörper ist nun entspannt, locker und angenehm warm durchflutet – langsam aber konstant lassen wir unsere Decke der Entspannung nun über den Bauchnabel hoch wandern.

Über unsere Finger und Unterarme – über unseren Brustkorb – bis hoch über unsere Schultern.

Alle unsere Muskeln entspannen sich dabei, werden angenehm schwer und locker – die Wärme und Geborgenheit breitet sich nun auch in unserem Oberkörper immer weiter aus.

Unser Oberkörper und unsere Arme sind nun ebenfalls völlig entspannt.

Wir fühlen nun, wie die Decke der Entspannung um unseren ganzen Körper gelegt ist und uns ein angenehmes, wohliges Gefühl der Ruhe und Gelassenheit vermittelt.

Wir lassen diese Entspannung weiter in uns aufsteigen – in den Hals – wir entspannen dabei unsere Halsmuskeln und lassen dieses angenehme Gefühl dann in unseren ganzen Kopf fließen.

Wir fühlen uns nun rundum entspannt – die Decke unserer Entspannung umhüllt unsere Beine und unseren Oberkörper – und auch der Kopf ist angenehm entspannt.

Mit jedem Atemzug genießen wir nun diese innere Ruhe und Entspannung – wir sind nun ganz eins mit uns selbst, locker und ruhig.

Und wir wissen – jedes Mal, wenn wir uns wieder vorstellen, wie die Decke unserer Entspannung über unsere Beine nach oben gezogen wird, wird damit auch gleichzeitig wie von selbst, unser Entspannungszustand ebenfalls über die Beine, Arme und den Oberkörper in uns hochsteigen – bis in den Kopf.

Langsam, aber konstant – bis wir ganz entspannt sind. Und mit jedem Mal wird uns diese Entspannungsübung noch leichter fallen.

Wir fühlen nun in unsere Entspannung hinein – wir fühlen ganz bewusst in unsere Beine – dann fühlen wir in unsere Arme – von den Fingern über die Ellenbogen – bis hoch zu den Schultern.

Wir fühlen in unseren Oberkörper und nehmen wahr, wie unser Brustkorb sich mit jedem Atemzug hebt und senkt – und wir spüren die Unterlage, auf der sich unser Körper befindet – die Decke, den Boden oder den Stuhl.

Wir fühlen in unsere Muskeln an den Wangen, um unsere Augen und am ganzen Kopf – wir sind nun völlig entspannt.

Und wir genießen diesen entspannten Zustand.

(Pause)

Langsam bereiten wir uns nun auf die Rückkehr in unseren normalen Tagesablauf vor.

Wir wissen, dass wir nach unserer Rückkehr frisch und ausgeruht sein werden, munter und erholt.

Wir fühlen in unsere Arme und Beine und fangen ganz langsam an, uns zu bewegen.

Und dann, wenn wir es wünschen, öffnen wir unsere Augen

Dann, wenn wir es wünschen, öffnen wir unsere Augen.

02 – Farbmeditation

Anmerkungen

Diese Meditation dient dazu, die innere Vorstellungskraft und das Visualisieren von Farben zu schulen.

Es kann von Vorteil sein, die Teilnehmer zu Beginn darauf hinzuweisen, dass die inneren Bilder, die entstehen werden, so ähnlich sein können wie Traumbilder. Es kann sein, dass diese Bilder einem so vorkommen, als würde man sie nur denken und gar nicht richtig sehen.

Es ist sehr oft vergleichbar mit den inneren Bildern, die wir aus dem täglichen Leben kennen, wenn wir zum Beispiel an einen „rosa Elefanten" denken. Jeder hat sofort eine Vorstellung davon im Kopf – ob man will oder nicht.

Und so, wie der „rosa Elefant" gesehen wird, so wird man auch die Farben während der Meditation sehen. Dem einen mag es „real" erscheinen, dem anderen mag es vorkommen, als würde er gar keine Farbe wirklich sehen.

Beides ist absolut in Ordnung.

Falls ein Teilnehmer angibt, er könne sich wirklich keine Farben vorstellen oder sehen, dann bitten Sie den Teilnehmer doch einmal, er möge Ihnen beschreiben, wie die Felgen an seinem Auto aussehen, oder wie es aussieht, wenn man einen Apfel in der Mitte aufschneidet.

Es werden bei dem Versuch, solche oder ähnliche Dinge zu beschreiben, zwangsläufig irgendwelche Bilder im Geiste entstehen. Und genau das ist es.

So, wie diese Bilder im Geiste aussehen, so wird auch die rote Tomate oder die gelbe Zitrone während der Meditation aussehen, wenn der Teilnehmer sich diese vorstellt.

Die inneren Bilder können individuell unterschiedlich wahrgenommen werden und das ist ganz normal.

Wenn der Teilnehmer sich eine Zitrone vorstellen kann und sie beschreiben kann, dann hat er auch ein inneres Bild dazu. Innere Bilder sind eben nicht für jeden Teilnehmer immer genauso greifbar, wie ein reales Objekt.

Sobald der Teilnehmer akzeptiert, dass das so ist, kann er auch entspannt in die Meditation gehen und mühelos die Visualisierungen entstehen lassen, ohne sich vom Verstand dabei stören zu lassen.

Früher oder später werden sich innere Bilder zeigen, die dann auch als solche erkannt und wahrgenommen werden.

Nach und nach werden alle Teilnehmer wie von selbst lernen und erfahren, wie die ganz persönlichen inneren Bilder „normalerweise" aussehen.

Das weitere Üben wird ab dann auch immer leichter möglich sein.

Bei der anschließenden Farbmeditation nutzen wir die Prismen-, Chakren- oder auch Regenbogenfarben, da das Visualisieren mit Hilfe von Farben sehr effektiv auch an innere Entspannungszustände gekoppelt oder verknüpft werden kann.

Dadurch entsteht ein Übungseffekt, dass der oder die Meditierende lernt, sich gleichzeitig mit der Vorstellung der inneren Farben auch zu entspannen.

Indem die Farben ganz gezielt zugeordnet werden, werden die mit diesen Farben verbundenen Entspannungs- oder Seinszustände immer schneller erreicht, sobald die jeweilige Farbe vor dem geistigen Auge visualisiert wird.

Das bedeutet, mit entsprechender Übung kann mit dem Visualisieren der einzelnen Farben innerhalb weniger Sekunden ein tiefer Entspannungszustand herbeigeführt werden.

Diesen Entspannungszustand kann man dann sehr effektiv für die Lichtarbeit nutzen, um zum Beispiel mit Heilenergien zu arbeiten, geistige Operationen an sich selbst oder an Klienten durchzuführen, oder um auf innere Reisen zu gehen.

Für Lichtarbeiter ist es in jedem Fall ein Vorteil, Entspannungstechniken zu kennen, die einfach sind und doch wirkungsvoll zum Ziel führen.

Hier nun der Text für die Farbmeditation:

Text

Wir legen oder setzen uns bequem hin und schließen unsere Augen.

Ganz bewusst atmen wir tief ein und aus. Ganz ruhig atmen wir tief ein und aus.

Und wir spüren dabei, wie mit jedem Atemzug die Luft durch die Nase eingesogen wird und innen an den Nasenwänden entlang in unseren Körper fließt.
Mit jedem Atemzug entspannen wir uns – mehr und mehr.

Wir nehmen nur noch unseren Atem wahr, fühlen die einströmende Luft – und fühlen, wie sich unser Brustkorb mit jedem Atemzug hebt und senkt.

Ruhig und gleichmäßig atmen wir – und dabei entspannen wir uns mehr und mehr.

Vor unserem inneren Auge sehen wir nun die Farbe **Rot**.

Wir können uns auch eine Tomate vorstellen, und dann dieses Rot nehmen. Ein warmes, kräftiges, helles Rot.

Und wir fühlen, wie die warme Decke der Entspannung über unsere Füße aufsteigt.

Wie eine Decke, die wir uns langsam von den Füßen her überziehen, spüren wir die Entspannung in uns aufsteigen.

Unsere Füße werden warm.

Und die Entspannung steigt langsam über die Knöchel hoch in unsere Waden – und weiter – bis in die Knie.

Und wir wissen, immer wenn wir uns die Farbe Rot vorstellen, werden sich unsere Füße und Beine entspannen – bis hoch in die Knie.

Wir sehen nun die Farbe **Orange**.

Wir können uns auch eine Orange oder Mandarine vorstellen, und dann die Farbe von dort nehmen. Ein helles, freundliches Orange.

Vor unserem inneren Auge entsteht die Farbe Orange.

Wir sehen die Farbe Orange und unsere Oberschenkel entspannen sich.

Alle Muskeln in unseren Beinen entspannen sich und ein angenehmes, wohliges Gefühl breitet sich in unseren Beinen von unten nach oben immer weiter aus.

Gleichzeitig fühlen wir Zufriedenheit in uns aufsteigen.

Und wir wissen, immer wenn wir uns die Farbe Orange vorstellen, werden sich unsere Oberschenkel entspannen und Zufriedenheit breitet sich in uns aus.

Wir sehen nun die Farbe **Gelb**. Ein helles, sonnenfarbenes Gelb.

Wir können uns auch eine Zitrone oder die Blüte eines Löwenzahnes vorstellen und von dort die Farbe holen.

Vor unserem inneren Auge entsteht die Farbe Gelb – wir sehen nun die Farbe Gelb.

Wir spüren, wie unsere Decke der Entspannung unser Becken erreicht und von dort über unsere Hüften heraufgezogen wird.

Unser ganzer Unterkörper ist nun entspannt und locker und wir spüren, wie sich Freude in uns ausbreitet.

Und wir wissen, immer wenn wir uns die Farbe Gelb vorstellen wird sich unser Unterkörper entspannen, und Freude wird sich in uns ausbreiten.

Wir sehen nun die Farbe **Grün**.

Vor unserem inneren Auge entsteht die Farbe Grün. Wir können diese Farbe auch von einer frischen, saftigen Wiese holen.

Wir sehen nun die Farbe Grün.

Langsam und konstant lassen wir unsere Decke der Entspannung nun über den Bauchnabel hoch wandern – über unsere Finger und Unterarme – über unseren Brustkorb – bis hoch über unsere Schultern.

Alle unsere Muskeln entspannen sich dabei, werden angenehm schwer und locker.

Die Wärme und Geborgenheit breitet sich nun auch in unserem Oberkörper immer weiter aus.

Wir sehen die Farbe Grün und fühlen Liebe und Zuwendung zum ganzen Universum – wir fühlen uns eins mit Allem, was ist.

Unser Oberkörper und unsere Arme sind nun völlig entspannt und die Liebe breitet sich in uns aus.

Wir fühlen, wie die Decke der Entspannung um unseren ganzen Körper gelegt ist und uns ein angenehmes, wohliges Gefühl der Ruhe und Gelassenheit umgibt.

Und wir wissen, immer wenn wir uns die Farbe Grün vorstellen wird sich unser Oberkörper entspannen, und die Liebe und Zuwendung zu Allem, was ist, wird sich in uns ausbreiten.

Unsere Gedanken erheben sich nun zum Himmel – und vor unserem inneren Auge entsteht die Farbe **Blau**.

Wir lassen die Entspannung weiter in uns aufsteigen – in den Hals und in den Kopf.

Wir entspannen alle unsere Halsmuskeln und lassen das angenehme Gefühl dann in unseren Kopf fließen.

Wir fühlen uns nun rundum entspannt.

Die Decke unserer Entspannung umhüllt unsere Beine und unseren Oberkörper – und auch der Kopf ist angenehm entspannt.

Wir sehen die Farbe Blau und unser Tagesbewusstsein entspannt sich – die Gedanken lassen los und wir genießen die innere Freiheit und Gelassenheit.

Wir fühlen, wie unser Körper leichter wird, und unser Bewusstsein wird klar und frei.

Wir spüren, dass wir uns auf Alles und auf Nichts konzentrieren können.

Ganz so, wie wir es uns wünschen.

Und wir wissen – immer, wenn wir uns die Farbe Blau vorstellen, wird unser Bewusstsein klar und frei.

Unser Bewusstsein wird klar und frei.

Mit jedem Atemzug genießen wir nun diese innere Ruhe, Entspannung und Freiheit.

Wir sind nun ganz eins mit uns selbst, locker und ruhig.

Langsam wird aus dem Blau nun ein tiefes **Violett**.

Wie ein Feld violetter Blumen sehen wir die Farbe Violett vor unserem geistigen Auge.

Und wir spüren, wie unsere Gedanken frei und grenzenlos zu unbegrenzter Phantasie und Kreativität befähigt sind.

Eine Kreativität, die wir nutzen können, um hier, auf dieser hohen geistigen Ebene helfend und unterstützend zu arbeiten.

Ganz so, wie es die geistige Welt für uns vorsieht.

Wir sehen die Farbe Violett und sind kreativ und schöpferisch.

Wir bewegen uns frei und grenzenlos mit all unserer Liebe auf dieser schöpferischen Ebene.

Und wir wissen, immer wenn wir uns die Farbe Violett vorstellen, können wir schöpferisch und helfend tätig werden.
Wir können unsere Kreativität auf dieser Ebene nutzen, um die menschlichen Selbstheilungskräfte wirkungsvoll zu aktivieren – und um damit uns und andere zu heilen.

Wir sehen die Farbe Violett und verweilen noch einen Moment in diesem entspannten, kreativen Zustand.

Und wir wissen, mit jedem Mal, wenn wir durch die Farben des Regenbogens gehen, vom Rot zum Violett, erreichen wir die violette Ebene schneller und leichter.

Unser Körper entspannt sich jedes Mal noch schneller und unsere Gedanken lassen los, werden klar und kreativ.
Unser Weg durch die Farben unserer Chakren wird uns mit jedem Mal noch leichter sein.

(Pause)

Langsam bereiten wir uns nun auf die Rückkehr in unser normales Tagesbewusstsein vor.
Wir wissen, dass wir nach unserer Rückkehr frisch und ausgeruht sein werden, munter und erholt.

Wir fühlen in unsere Arme und Beine und fangen ganz langsam an, uns zu bewegen.
Und dann, wenn wir es wünschen, öffnen wir unsere Augen

Dann, wenn wir es wünschen, öffnen wir unsere Augen.

03 – Persönlicher Ruheraum

Anmerkungen

Die folgende Meditation dient dazu, einen persönlichen Ruheraum einzurichten, der als Ausgangszimmer für die Lichtarbeit und auch für Folgemeditationen genutzt werden kann.

Lichtarbeit ist geistige Arbeit und kann sowohl während einer mehr oder weniger tiefen Meditation ausgeübt werden, als auch im Ruhe- oder sogar im Wachzustand.

Generell ist es immer von großem Vorteil, wenn ein Lichtarbeiter seinen Geist entspannen kann, ähnlich einem Zustand, den man im Schlaf erreicht. Nur eben mit dem Unterschied, dass der Geist selbst während der Lichtarbeit sehr konzentriert bleibt.

Ein Mensch, der es gewohnt ist, zu meditieren, und der ein wenig Übung darin hat, innere Bilder und Abläufe entstehen zu lassen, wird sich sehr leicht tun, einen inneren Zustand der Ruhe und Entspannung zu erreichen, wenn die erlernten und gewohnten inneren Bilder hierzu visualisiert werden.

Hat ein Lichtarbeiter einen inneren Ruheraum gefunden und weiß er oder sie, wie dieser schnell und mühelos erreicht werden kann, dann ist damit eine gute Ausgangsbasis geschaffen für einen schnellen Einstieg in die praktische Anwendung der Lichtarbeit.

Im folgenden Text soll das Visualisieren und Kennenlernen eines solchen Ruheraumes erlernt werden.

Text

Schließe deine Augen. Atme ruhig und gleichmäßig.

Schließe die Augen und atme ruhig und gleichmäßig ein und aus.

Du atmest langsam, ruhig und gleichmäßig ein und aus und fühlst dabei deinen Atem, den Lufthauch, wie er in der Nase, an den Nasenwänden entlang streicht.

Du fühlst, wie sich beim Einatmen dein Brustkorb hebt, und wie er sich beim Ausatmen auch wieder senkt.

Gleichmäßig fließt der Atem in dich ein, dein Brustkorb hebt und senkt sich und du entspannst dich dabei mehr und mehr.

Wir wollen nun deinen ganz persönlichen Meditationsraum vor deinem inneren Auge entstehen lassen, deinen ganz persönlichen Ruheraum, den du immer wieder nutzen kannst, um dich hier zu entspannen, und um von hier aus deine inneren Reisen anzutreten.

Stell dir vor und sieh hin, wie vor deinem inneren Auge eine Kerze mit einer kleinen brennenden Flamme entsteht.

Du siehst eine Kerze, die brennt – stell dir vor, wie du diese Kerze siehst.

Betrachte diese Kerze nun – wie groß ist die Kerze?

Ist sie klein und dünn oder groß und dick?

Welche Farbe hat das Wachs der Kerze? Kannst du es erkennen?

Und kannst du die Kerze auch riechen?

Riecht die Kerze, hat sie einen bestimmten oder besonderen Geruch?
Beobachte alles genau und präge dir deine inneren Eindrücke gut ein.

Du siehst die brennende Kerze und betrachtest nun, auf welcher Unterlage die Kerze steht.
Ist es ein hoher, dünner Kerzenständer oder eher eine kleine Halterung?

Betrachte dir, wie die Kerze angebracht ist, ob sie in einem Kerzenständer steht oder in einer Halterung.

Wie sieht der Kerzenständer oder die Halterung aus?

Kannst du die Form und die Farbe erkennen? Präge dir deine Eindrücke gut ein.

Und nun nimm die Kerze zusammen mit der Halterung in deine Hand.
Du hältst nun die Kerze in deiner Hand und so wie du es möchtest, kannst du die Helligkeit der Kerze alleine mit deinen Gedanken steuern.

Du kannst das Licht dämmen, wenn du es gemütlich und dunkler haben möchtest.
Und du kannst die Flamme heller scheinen lassen, wenn du mehr Licht haben möchtest um den Raum besser auszuleuchten und um mehr erkennen zu können.

Sieh dich im Raum ein wenig um.

Es ist dein ganz persönlicher Ruheraum – und irgendwo hier im Raum lässt du nun vor deinem inneren Auge ein Bett entstehen.

Einen Ruheplatz, wo du dich hinlegen und ausruhen und auch schlafen legen kannst.

Lass das Bett nun vor deinem inneren Auge entstehen – Du siehst nun dein Bett.

Geh ein wenig auf das Bett zu und betrachte es dir genauer.

Wie groß ist es? Ist es ein Einzelbett oder ein Doppelbett?

Wie sieht die Zudecke aus, das Kopfkissen?

Aus welchem Material ist das Bettgestell gemacht? Ist es schwer und massiv, neu oder alt oder eher leicht?

Präge dir ein, wie das Bett in deinem persönlichen Ruheraum aussieht.

Und nun lass ein Nachtkästchen neben dem Bett entstehen.

Lass vor deinem inneren Auge ein Nachtkästchen neben dem Bett entstehen und stell die Kerze darauf.

Du weißt, dass die Kerze nur für dich persönlich brennt und dass du auch neben der brennenden Kerze schlafen kannst.

Ganz beruhigt kannst du neben der brennenden Kerze schlafen, weil die Flamme dir nur Gutes tun wird.

Die Flamme unterstützt dich mit ihrem Licht, damit du deine Umgebung sehen kannst und sie behütet und begleitet dich.

Es wird immer völlig sicher für dich sein in der Nähe der brennenden Kerze, der Flamme mit dem angenehmen Licht, das du alleine mit der Kraft deiner Gedanken heller oder dunkler leuchten lassen kannst.

Stell nun die Kerze auf dem Nachttischchen ab und leg dich auf das Bett.

Wie fühlt sich die Unterlage an? Ist es eine Matratze auf der du liegst? Ist die Unterlage hart oder eher weich?

Wenn du dich in dem Bett wohlfühlst, dann schließe dort die Augen.

Wenn die Matratze dir zu hart oder zu weich ist, dann kannst du nun auch am Bett und an der Unterlage, auf der du liegst, alles so verändern, bis es für dich passend und angenehm ist.

Alleine durch die Kraft deiner Gedanken kannst du alles in deinem ganz persönlichen Ruheraum deinen ganz individuellen Wünschen und Vorstellungen entsprechend anpassen.

Passe die Unterlage Deinem Wohlbefinden an. Und dann schließe die Augen.

Du liegst nun auf deinem Bett in deinem Ruheraum und hast die Augen geschlossen – du atmest ruhig und tief – ein und aus.

Du entspannst dich auf deinem Bett und du fühlst nun, wie eine angenehme Zudecke aus reinem Licht über deine Zehen nach oben gleitet und deine Füße bedeckt.

Und obwohl deine Augen auf dem Bett geschlossen sind, kannst du die Farbe der Lichterdecke erkennen.

Sie leuchtet in einem dunklen Blau und glitzert dabei.

Es ist ein Funkeln, wie du es vom Sternenhimmel her kennst. Auch dort kann man manchmal dieses Funkeln sehen.

Die Lichterdecke fühlt sich angenehm warm und weich an und gleitet nun über deine Füße weiter hoch – hoch über die Unterschenkel bis hin zu den Knien.

Du siehst das beruhigende, wohltuende blaue Licht der Decke mit dem Funkeln, das wie Sterne aussieht und deine Füße und Unterschenkel, die nun von der Decke zugedeckt sind, sind völlig entspannt und angenehm locker.

Und je mehr die Decke über deine Beine hoch gleitet, um so mehr entspannt sich dein Körper.

Du siehst nun, wie die Lichterdecke über die Knie und über deine Oberschenkel hoch gleitet und deine Beine entspannen sich dabei völlig, werden angenehm warm und locker.

Und die Decke wandert weiter hoch – über deine Hüften, deinen Bauch und über deinen Brustkorb.

Du fühlst, wie sich dein ganzer Körper dabei entspannt – die Hüften, der Bauch, die Hände und Unterarme, deine Oberarme, dein Brustkorb und auch die Schultern.

Du erkennst nun, wie aus dem Blau der Decke ein Violett wird und dabei entspannt sich auch dein Kopf.

Alle Gedanken lassen los und ziehen fort. Du wirst zum reinen Bewusstsein.

Du fühlst deine Umgebung, das Bett und die Lichterdecke, die über deinem Körper liegt und du fühlst, wie dein Geist dabei völlig frei wird.

Die Gedanken ziehen fort und dein Geist wird klar und konzentriert.

Du bist hier und du bist dir selbst bewusst.

Du spürst die Lichterdecke auf deinem Körper liegen, siehst das tiefe oder helle Violett der Lichterkette und bist nun völlig entspannt.

Du liegst nun in deinem Ruheraum auf deinem Bett und genießt diesen entspannten Zustand.

Und du weißt es genau, dass du diesen entspannten Zustand jederzeit wieder ganz leicht erreichen wirst, wenn du dir deinen inneren Ruheraum vorstellst und wenn du dir vorstellst, wie die Lichterdecke über deine Beine nach oben gleitet bis über deine Schultern.

Und mit jedem Mal, wo die Lichterdecke dich wieder zudeckt, wirst du immer leichter und schneller in diesen entspannten Zustand kommen.

Du liegst nun auf deinem Bett und genießt deine Entspannung.

Du atmest ruhig und langsam, langsam und gleichmäßig – und genießt deine innere Ruhe.

Dein ganzer Körper ist entspannt und du fühlst alles um dich herum.

Deine Arme, deine Beine, deine Haut.

Du bist dir selbst bewusst.

Genieße diesen Zustand und beobachte, wie es sich für dich anfühlt, so entspannt zu sein.

Und langsam gleitest du in einen erholsamen Heilschlaf, der dich regeneriert und alle Zellen in deinem Körper erfrischt.

(Längere Pause)

Kehre nun langsam aus dem Heilschlaf zurück.

Du siehst, wie sich die violette Lichterdecke wieder zurückbewegt in Richtung deiner Füße und dabei wieder ihre blaue Farbe annimmt.

Du siehst auch wieder das Funkeln der Sterne auf der Decke und fühlst, wie eine angenehme Entspannung in deinem Körper bleibt.

Du fühlst dich frisch und ausgeruht und setzt dich auf deinem Bett nun wieder auf.

Du siehst die Kerze auf dem Nachtkästchen brennen – und du weißt, dass es jetzt an der Zeit ist, wieder in die physische Welt zurück zu kehren.

Du bewegst deine Zehen und deine Finger und spürst, wie das Tagesbewusstsein zu dir zurückkehrt.

Du fühlst dich angenehm erfrischt und ausgeruht, bewegst dich ein wenig, streckst dich vorsichtig immer mehr – und dann, wenn du bereit dazu bist, öffnest du die Augen und kehrst in die physische Welt zurück.

Dann, wenn du bereit dafür bist, öffnest du deine Augen und kehrst in die physische Welt zurück.

04 – Persönlicher Ort für die Lichtarbeit

Anmerkungen

Bei der Lichtarbeit spielt die eigene Phantasie, die Begabung und Übung, mit inneren Bildern zu arbeiten, auf sie einzugehen und in die Lichtarbeit mit einfließen zu lassen, eine große Rolle.

Sehr viele Arbeiten lassen sich besonders effektiv durchführen, wenn man es gewohnt ist, bestimmte geistige Tätigkeiten mit einer Selbstverständlichkeit durchzuführen, wie man sie aus dem Wachzustand des täglichen Lebens her kennt.

Daher ist es auch sehr hilfreich, wenn ein Lichtarbeiter neben dem reinen Ruheraum, den wir in der vorherigen Meditation kennen gelernt haben, auch einen inneren Ort hat, an dem er ganz gezielt seine geistigen Arbeiten im inneren Wachzustand durchführen kann. Also ein inneres Zuhause, ein Labor, eine Praxis, eine innere Wirkstätte sozusagen, die auch ganz individuell aussehen kann.

Es mag ein Ferienhaus sein, das auch im wirklichen Leben existiert oder eine Insel, die nur in der inneren Welt entsteht.

Es kann eine Höhle sein, ein Holzhaus oder sogar ein fliegender Teppich.

Der eigenen Phantasie sind dort keine Grenzen gesetzt und das Erstaunliche dabei ist, dass sich diese inneren Bilder ganz von selbst einstellen.

Es bringt auch einen gewissen Reiz mit sich, wenn man in der Gruppe solche Meditationen durchführt, und dann hinterher die inneren Bilder der einzelnen Teilnehmer bespricht und auswertet.

Wir erhalten durch die inneren Bilder immer wieder erstaunliche Erfahrungen und lernen mit der Zeit auch, was die geistige Welt und das Arbeiten in und mit der geistigen Welt für uns bedeuten kann.

In aller Regel wird diese Arbeit von innerer Zufriedenheit und dem Gefühl der Geborgenheit und Liebe begleitet sein.

Sollte jemals einer der Teilnehmer von negativen Erfahrungen während einer Meditation berichten, dann achten Sie bitte darauf, in den nächsten gemeinsamen Meditationen die Teilnehmer darauf hinzuweisen, dass sie selbst immer die volle Kontrolle über ihre eigenen inneren Bilder behalten.

Dass sie sich also die Situationen und Erlebnisse anpassen und verändern können, jederzeit und auch so, wie sie es möchten.

Damit kann nur noch Gutes und Positives geschehen und erlebt werden, denn wir sind als Lichtarbeiter darum bemüht, uns und anderen mit geistigen Methoden zu helfen.

Wir wollen helfen und unterstützen und tun das aus einer liebevollen Grundhaltung heraus. Eine innere Harmonie ist hierfür die passende Umgebung und wir haben das Recht und die absolute Möglichkeit, diese innere Harmonie in unseren eigenen inneren Bildern herzustellen und zu erhalten.

Die folgende Meditation dient dazu, einen ganz persönlichen inneren Ort für die Lichtarbeit zu erschaffen, der die optimalen Voraussetzungen für inneres geistiges Arbeiten bietet.

An diesem Ort für die Lichtarbeit können alle möglichen Tätigkeiten durchgeführt werden, die dazu dienen können, um bei sich selbst oder auch bei anderen die Selbstheilungskräfte zu aktivieren.

So ist es möglich, an diesem ganz persönlichen Ort für die Lichtarbeit eine Wirkstätte zu erschaffen, die mit einem Arbeitszimmer oder einem Praxisraum ausgestattet ist, in dem wir alles finden, was wir für die Heilarbeit brauchen, seien es Medikamente, Salben, Heilpflanzen oder auch Lichtkugeln aus Heilenergie, die wir bei uns selbst oder für andere einsetzen können.

Einen ganz persönlichen inneren Ort für die Lichtarbeit zu haben, ist ein unschätzbar wertvolles Werkzeug für jeden Lichtarbeiter.

Text

Wir legen oder setzen uns bequem hin und schließen unsere Augen.
Ganz bewusst und ruhig atmen wir tief ein und aus.

Und wir spüren dabei, wie wir uns mit jedem Atemzug mehr und mehr entspannen.

Wir nehmen nur noch unseren Atem wahr, fühlen die einströmende Luft – und fühlen, wie sich unser Brustkorb mit jedem Atemzug hebt und senkt.
Ruhig und gleichmäßig atmen wir – und dabei entspannen wir uns mehr und mehr.
Wir sind nun bereit, die Farben des Regenbogens zu durchschreiten.

Vor unserem inneren Auge sehen wir nun die Farbe **Rot**.

Und wir fühlen, wie die warme Decke der Entspannung über unsere Füße aufsteigt.

Wie eine Decke, die wir uns langsam von den Füßen her überziehen, spüren wir die Entspannung in uns aufsteigen.

Unsere Füße werden warm.
Und die Entspannung steigt langsam über die Knöchel hoch in unsere Waden – und weiter – bis in die Knie.

Und wir wissen, immer wenn wir uns die Farbe Rot vorstellen, werden sich unsere Füße und Beine entspannen – bis hoch in die Knie.

Wir sehen nun die Farbe **Orange –** vor unserem inneren Auge entsteht die Farbe Orange.
Wir sehen die Farbe Orange und unsere Oberschenkel entspannen sich.

Alle Muskeln in unseren Beinen entspannen sich und ein angenehmes, wohliges Gefühl breitet sich in unseren Beinen von unten nach oben immer weiter aus.
Gleichzeitig fühlen wir Zufriedenheit in uns aufsteigen.
Und wir wissen, immer wenn wir uns die Farbe Orange vorstellen, werden sich unsere Oberschenkel entspannen und Zufriedenheit breitet sich in uns aus.

Wir sehen nun die Farbe **Gelb –** .ein helles, sonnenfarbenes Gelb.
Vor unserem inneren Auge entsteht die Farbe Gelb – wir sehen nun die Farbe Gelb.

Wir spüren, wie unsere Decke der Entspannung unser Becken erreicht und von dort über unsere Hüften heraufgezogen wird.

Unser ganzer Unterkörper ist nun entspannt und locker und wir spüren, wie sich Freude in uns ausbreitet.
Und wir wissen, immer wenn wir uns die Farbe Gelb vorstellen wird sich unser Unterkörper entspannen, und Freude wird sich in uns ausbreiten.

Wir sehen nun die Farbe **Grün**.

Vor unserem inneren Auge entsteht die Farbe Grün.

Langsam und konstant lassen wir unsere Decke der Entspannung nun über den Bauchnabel hoch wandern – über unsere Finger und Unterarme – über unseren Brustkorb – bis hoch über unsere Schultern.
Alle unsere Muskeln entspannen sich dabei, werden angenehm schwer und locker.

Die Wärme und Geborgenheit breitet sich nun auch in unserem Oberkörper immer weiter aus.
Wir sehen die Farbe Grün und fühlen Liebe und Zuwendung zum ganzen Universum.
Wir fühlen uns eins mit Allem, was ist.

Unser Oberkörper und unsere Arme sind nun völlig entspannt und die Liebe breitet sich in uns aus.
Wir fühlen, wie die Decke der Entspannung um unseren ganzen Körper gelegt ist und uns ein angenehmes, wohliges Gefühl der Ruhe und Gelassenheit umgibt.

Und wir wissen, immer wenn wir uns die Farbe Grün vorstellen wird sich unser Oberkörper entspannen, und die Liebe und Zuwendung zu Allem, was ist, wird sich in uns ausbreiten.

Unsere Gedanken erheben sich nun zum Himmel – und vor unserem inneren Auge entsteht die Farbe **Blau**.

Wir lassen die Entspannung weiter in uns aufsteigen – in den Hals und in den Kopf.

Wir entspannen alle unsere Halsmuskeln und lassen das angenehme Gefühl dann in unseren Kopf fließen.

Wir fühlen uns nun rundum entspannt.

Die Decke unserer Entspannung umhüllt unsere Beine und unseren Oberkörper – und auch der Kopf ist angenehm entspannt.

Wir sehen die Farbe Blau und unser Tagesbewusstsein entspannt sich.

Die Gedanken lassen los und wir genießen die innere Freiheit und Gelassenheit.

Wir fühlen, wie unser Körper leichter wird, und unser Bewusstsein wird klar und frei.

Wir spüren, dass wir uns auf Alles und auf Nichts konzentrieren können – ganz so, wie wir es uns wünschen.

Und wir wissen – immer, wenn wir uns die Farbe Blau vorstellen, wird unser Bewusstsein klar und frei.

Mit jedem Atemzug genießen wir nun diese innere Ruhe, Entspannung und Freiheit.

Wir sind nun ganz eins mit uns selbst, locker und ruhig.

Langsam wird aus dem Blau nun ein helles, tiefes **Violett**.

Und wir spüren, wie unsere Gedanken frei und grenzenlos zu unbegrenzter Phantasie und Kreativität befähigt sind.

Eine Kreativität, die wir nutzen können, um hier, auf dieser hohen geistigen Ebene helfend und unterstützend zu arbeiten.

Ganz so, wie es die geistige Welt für uns vorsieht.

Wir sehen die Farbe Violett und sind kreativ und schöpferisch.

Wir bewegen uns frei und grenzenlos mit all unserer Liebe auf dieser schöpferischen Ebene.

Und wir wissen, immer wenn wir uns die Farbe Violett vorstellen, können wir schöpferisch und helfend tätig werden.

Wir können unsere Kreativität auf dieser Ebene nutzen, um die menschlichen Selbstheilungskräfte wirkungsvoll zu aktivieren – und um uns und andere zu heilen.

(Pause)

Hier auf der violetten Ebene ist unser Bewusstsein frei.

Frei und Kreativ.

Hier auf der Violetten Ebene werden unsere Wünsche und Vorstellungen zur Wirklichkeit.

Im violetten Licht können wir Raum und Zeit mühelos durchschreiten und überwinden.

Unser Bewusstsein ist frei und kreativ und grenzenlos.

Hier auf der violetten Ebene wird uns nur Gutes begegnen. Wir meistern und beherrschen jede Situation.

Sollten irgendwelche ungewollten Eindrücke entstehen, können wir sie wegwünschen, denn unsere Wünsche werden wahr.

Wir können auf dieser Ebene alles verändern – so, wie es uns gefällt.
Nur Gutes wird entstehen – weil wir Gutes wollen.

Im violetten Licht schweben wir nun im Sternenhimmel.

Wir fühlen die Schwerelosigkeit unseres Körpers und wie wir sanft und gleichmäßig schweben. Rings um uns sehen wir die Lichter der Sterne und Planeten.

Wir fühlen eine angenehme Temperatur und obwohl wir inmitten einer großen Leere sind mit großem Abstand zu den Sternen fühlen wir uns dennoch sicher und geborgen.

Und nun blicken wir uns um und drehen uns dabei, soweit es nötig ist – auf der Suche nach unserem Heimatplaneten, der Erde.

Wir blicken uns um und wir können die Erde finden.

Wir sehen die Erde, unseren blauen Heimatplaneten und beschließen, dass wir nun zur Erde schweben möchten.
Und so schweben wir langsam aber sicher auf die Erde zu – und wir sehen dabei, wie der blaue Planet vor uns immer größer wird.

Und wir wünschen uns, dass wir genau an dem Ort landen werden, der für unsere Lichtarbeit und unsere geistige Heilarbeit am allerbesten für uns geeignet ist.

Diesen ganz persönlichen Ort für unsere Lichtarbeit möchten wir ansteuern.

Und so schweben wir weiter Richtung Erde und sehen, wie die Erde immer größer wird.

Wir wollen an unserem ganz persönlichen Ort der Lichtarbeit landen – und langsam spüren wir auch die Erdanziehungskraft.
Wir nähern uns der Erde immer weiter und treten nun in die Atmosphäre ein.

Langsam aber sicher schweben wir auf die Erde herab – genau an unseren Ort der Lichtarbeit.
Wir können schon den Boden unter unseren Füßen sehen, kommen immer näher – und schließlich landen wir auf der Erde.

Wir sind auf der Erde gelandet – genau an unserem ganz persönlichen Ort der Lichtarbeit.
Wir sehen uns um.

Wir können die warme Sonne über uns sehen und spüren auch die warmen Sonnenstrahlen auf unserer Haut und in unserem Gesicht.
Wir sehen uns weiter um und sehen Bäume und andere Pflanzen.

Und wir sehen Blumen.

Wir spüren eine sanfte Brise Wind auf unserer Haut, sehen uns weiter um und sehen auch Wasser, hier an unserem Ort der Lichtarbeit.

Und wir betrachten nun auch den Boden unter unseren Füßen. Wie sieht er aus? Ist er felsig oder sandig? Oder ist es eine saftige grüne Wiese?

Und wir sind uns auch bewusst darüber, dass wir diesen Ort nach unseren eigenen Wünschen anpassen können und dürfen.

Alles ist so, wie wir es uns wünschen. Alles ist so, dass wir uns hier wohlfühlen.

Wir betrachten das Land um uns herum. Sind wir in einer Ebene oder liegt das Land in den Bergen?

Wir sehen uns alles aufmerksam an und prägen uns die Landschaft ein – hier an unserem idealen Ort für die Lichtarbeit.

Wir spüren weiterhin über uns die wärmende Sonne, sehen die Bäume und Pflanzen, sehen das Wasser und die Blumen.

Und wir fühlen uns dabei jugendlich frisch, elastisch und vital.

Wir fühlen uns völlig zufrieden und harmonisch.

Und wir erfreuen uns an der von uns erschaffenen Landschaft, denn es ist unser idealer Ort für die Lichtarbeit, den wir selbst gestaltet haben.

Und hier an diesem idealen Ort für die Lichtarbeit bestimmen wir ganz allein, was geschieht. Es ist unsere Welt.

Jederzeit können wir Veränderungen planen und es werden nur positive Eindrücke entstehen, denn wir bestimmen ganz allein, was hier geschieht.

Wir genießen die Eindrücke und spüren die Sonne. Wir sehen die Pflanzen und die Bäume. Und wir sehen das Wasser und die Blumen.

Und nun wünschen wir uns ein Haus. Es soll ein Haus der Lichtarbeit für uns sein, in dem wir geistig-energetisch arbeiten können. Mit allem, was wir uns dafür wünschen.

An unserem Ort für die Lichtarbeit entsteht nun ein Haus der Lichtarbeit.

Wir sehen unser Haus.

Wir werden unser Haus der Lichtarbeit nun nach unseren Wünschen gestalten.

Wir bauen das Haus ganz nach unseren Wünschen.

Wie sehen die Fenster aus? Passen die Türen? Wie wünschen wir uns das Dach und die Farbe des Hauses?

Hat es die richtige Größe?

Passt es gut in die Landschaft?

Es ist uns jederzeit möglich, unser Haus der Lichtarbeit nach unseren Vorstellungen, unseren Wünschen und Bedürfnissen anzupassen und zu verändern.

Und so bauen wir unser Haus nach unseren Vorstellungen auf. Wir konstruieren es nach unseren Wünschen.

Wir spüren dabei die warme Sonne auf unserer Haut und fühlen die leichte Brise Wind.

Nachdem wir unser Haus so aufgebaut haben, wie wir es möchten, sehen wir uns noch einmal genau um.

Wir sehen unser Haus in der Landschaft, sehen die Pflanzen und Bäume und auch das Wasser.

Nun ziehen wir unsere Schuhe aus und gehen barfuss an den Strand. Wir spüren die Erde oder den Sand unter unseren Füßen und wie unsere Zehen bei jedem Schritt in den weichen Boden einsinken.

Und so erreichen wir nun den Strand. Wir nehmen eine handvoll feuchter Erde oder Sand vom Rand des Strandes auf und unsere Füße werden sanft vom Wasser umspült.

Wir führen die feuchte Erde an unsere Nase und riechen den Duft von unserer Erde an unserem ganz persönlichen Ort der Lichtarbeit.

Und nun gehen wir ein paar Schritte in das Wasser.

Wir fühlen, wie das Wasser unsere Knöchel umspült und wir gehen ein paar Schritte weiter in das Wasser, bis es an unsere Hüften reicht.

Das Wasser ist angenehm warm oder auch kühl – ganz so, wie wir es uns wünschen.

Wir fühlen die angenehme Temperatur des Wassers.

Und so entschließen wir uns nun, noch weiter hineinzugehen und dann im Wasser zu schwimmen.

Wir schwimmen im Wasser an unserem Ort der Lichtarbeit. Wir fühlen, wie uns die Feuchtigkeit des Wassers umgibt und wie wunderbar leicht unser Körper im Wasser schwimmt.

Wir lassen uns ein wenig treiben und genießen diese Leichtigkeit.

Auch hier im Wasser spüren wir die warme Sonne und wir sehen vom Wasser aus unseren Ort für die Lichtarbeit, sehen die Bäume und die Pflanzen, und wir sehen unser Haus der Lichtarbeit.

Wir schwimmen und genießen die Freiheit und die Schwerelosigkeit im Wasser.

(Kurze Pause)

Und nun schwimmen wir zum Ufer und gehen wieder an Land.

Wir schwimmen zum Ufer und gehen wieder an Land.

Und nun sehen wir, dass die Sonne langsam untergeht und sich dem Horizont nähert.

Wir spüren und erkennen, dass es allmählich Abend wird.

Und so suchen wir uns einen Platz zum ausruhen, wo wir uns hinsetzen oder hinlegen können, und genießen den Abend an unserem Ort für die Lichtarbeit.

Wir können uns auch ein wärmendes Lagerfeuer wünschen, das angenehm knistert und brennt.

Wir liegen oder sitzen und spüren, wie die Abendstimmung kommt.

Wir beobachten, wie sich die Sonne langsam dem Horizont nähert, und wir sehen die goldenen und die rötlichen Farbtöne die dabei am Abendhimmel entstehen.

Vielleicht hören wir auch das Rauschen des Windes in den Bäumen oder hören Vogelgezwitscher.

Wir genießen den Abend an unserem Ort für die Lichtarbeit.

Und immer tiefer sinkt die Sonne und allmählich kommt der Abend und geht über in die Nacht.

Die Farben werden immer dunkler und so entschließen wir uns, einen Heilschlaf zu machen.

Wir entschließen uns zu einem Heilschlaf.

So schließen wir die Augen und gehen über in einen Heilschlaf.

Jede Zelle unseres Körpers kann sich nun regenerieren.

Jede Zelle unseres Körpers kann sich nun erholen.

Wir sind in einem Heilschlaf. Unser gesamter Organismus wird gestärkt und regeneriert.
Wir erholen uns, denn wir sind in einem Heilschlaf.

Und wenn wir aufwachen aus diesem Heilschlaf, werden wir uns wohlfühlen und es wird uns in jeder Hinsicht besser gehen.
Ausgeruht, erfrischt, gestärkt und vitalisiert.

Wir befinden uns nun im Heilschlaf. Wir sind in unserer inneren Harmonie und erholen uns im Heilschlaf.

(Lange Pause)

Jede Zelle unseres Körpers erneuert sich. Alle Funktionen werden vitalisiert. Wir sind im Heilschlaf.

(Pause)

Aus dem Heilschlaf heraus wird nun unser Bewusstsein zurückfinden in unseren Körper.
Ganz allmählich spüren wir wieder unseren Körper.

Wir spüren wieder die Erdenschwere und wie unser Körper auf die Unterlage drückt.
Nun atmen wir ganz bewusst und kräftig durch. Wir atmen bewusst und kräftig durch.

Ganz allmählich bewegen wir unsere Hände, bewegen unsere Füße und werden uns ein wenig recken und strecken, und dann, wenn wir es wünschen, öffnen wir die Augen.

Erst dann, wenn wir es wünschen, öffnen wir die Augen.

05 – Aktivierung der Selbstheilungskräfte

Anmerkungen

Diese Meditation dient dazu, die innere Vorstellungskraft in Bezug auf die Farben weiter zu schulen und auch Erfahrungen mit der Aktivierung der Selbstheilungskräfte zu machen.

Zum einen wird der Einstieg in den Entspannungszustand über die Prismen-, Chakren- oder Regenbogenfarben erneut geübt, zum anderen werden erste Visualisierungen von heilenden Lichtkugeln gemacht.

Lichtkugeln und andere geistige Objekte sind ein sehr wirkungsvolles Mittel, um die Selbstheilungskräfte bei sich und bei anderen zu aktivieren. Grundsätzlich kann man sagen, dass jede geistige Vorstellung, die zum Inhalt die Verbesserung eines Gesundheitszustandes hat, zur Heilung führen kann.

Gedanken können die Realität verändern, unterstützen und in eine andere Richtung führen.

Es gibt zahlreiche Methoden für geistige Heilarbeit, sei es zum Beispiel die Geisteschirurgie, wo ganze Operationen im Geiste visualisiert und durchgeführt werden, Zeitreisen, bei denen der Lichtarbeiter in die Vergangenheit reist, um einen Unfall zu umgehen oder eine misslungene Operation zu korrigieren oder auch energetische Heilungen, bei denen man sich den Patienten als gesunden, glücklichen Menschen vorstellt.

Methoden gibt es unzählige, doch eines ist all diesen geistigen Arbeiten gemeinsam: Die Gedanken streben danach, sich zu verwirklichen. Die Gedanken nehmen ganz konkreten Einfluss auf die Realität. Damit bewirken wir Heilung.

Wenn wir verstehen, dass jeder Gedanke die Schöpferkraft in sich hat und danach strebt, sich in die Realität umzusetzen, dann wissen wir auch um die Kraft und Wichtigkeit des richtigen Denkens, was häufig auch als „positives Denken“ bezeichnet wird.

Im folgenden wollen wir eine Technik üben, die mit Licht und Energie heilende Gedanken erschaffen kann, die eine Verbesserung des Gesundheitszustandes einleiten können.

Text

Wir legen oder setzen uns bequem hin und schließen unsere Augen.
Ganz bewusst und ruhig atmen wir tief ein und aus.

Und wir spüren dabei, wie wir uns mit jedem Atemzug mehr und mehr entspannen.

Wir nehmen nur noch unseren Atem wahr, fühlen die einströmende Luft – und fühlen, wie sich unser Brustkorb mit jedem Atemzug hebt und senkt.
Ruhig und gleichmäßig atmen wir – und dabei entspannen wir uns mehr und mehr.

Wir sind nun bereit, die Farben des Regenbogens zu durchschreiten.

Vor unserem inneren Auge sehen wir nun die Farbe **Rot**.
Und wir fühlen, wie die warme Decke der Entspannung über unsere Füße aufsteigt.
Wie eine Decke, die wir uns langsam von den Füßen her überziehen, spüren wir die Entspannung in uns aufsteigen.

Unsere Füße werden warm. Und die Entspannung steigt langsam über die Knöchel hoch in unsere Waden – und weiter – bis in die Knie.

Wir sehen nun die Farbe **Orange** – vor unserem inneren Auge entsteht die Farbe Orange.

Wir sehen die Farbe Orange und unsere Oberschenkel entspannen sich.

Alle Muskeln in unseren Beinen entspannen sich und ein angenehmes, wohliges Gefühl breitet sich in unseren Beinen von unten nach oben immer weiter aus.

Gleichzeitig fühlen wir Zufriedenheit in uns aufsteigen.

Wir sehen nun die Farbe **Gelb**. Ein helles, sonnenfarbenes Gelb.

Vor unserem inneren Auge entsteht die Farbe Gelb – wir sehen nun die Farbe Gelb.

Wir spüren, wie unsere Decke der Entspannung unser Becken erreicht und von dort über unsere Hüften heraufgezogen wird.

Unser ganzer Unterkörper ist nun entspannt und locker und wir spüren, wie sich Freude in uns ausbreitet.

Wir sehen nun die Farbe **Grün** – vor unserem inneren Auge entsteht die Farbe Grün.

Langsam und konstant lassen wir unsere Decke der Entspannung nun über den Bauchnabel hoch wandern – über unsere Finger und Unterarme – über unseren Brustkorb – bis hoch über unsere Schultern.

Alle unsere Muskeln entspannen sich dabei, werden angenehm schwer und locker – die Wärme und Geborgenheit breitet sich nun auch in unserem Oberkörper immer weiter aus.

Wir sehen die Farbe Grün und fühlen Liebe und Zuwendung zum ganzen Universum – wir fühlen uns eins mit Allem, was ist.

Unser Oberkörper und unsere Arme sind nun völlig entspannt und die Liebe breitet sich in uns aus.

Wir fühlen, wie die Decke der Entspannung um unseren ganzen Körper gelegt ist und uns ein angenehmes, wohliges Gefühl der Ruhe und Gelassenheit umgibt.

Unsere Gedanken erheben sich nun zum Himmel – und vor unserem inneren Auge entsteht die Farbe **Blau**.

Wir lassen die Entspannung weiter in uns aufsteigen – in den Hals und in den Kopf.

Wir entspannen alle unsere Halsmuskeln und lassen das angenehme Gefühl dann in unseren Kopf fließen.

Wir fühlen uns nun rundum entspannt.

Die Decke unserer Entspannung umhüllt unsere Beine und unseren Oberkörper – und auch der Kopf ist angenehm entspannt.

Wir sehen die Farbe Blau und unser Tagesbewusstsein entspannt sich – die Gedanken lassen los und wir genießen die innere Freiheit und Gelassenheit.

Wir fühlen, wie unser Körper leichter wird, und unser Bewusstsein wird klar und frei.

Wir spüren, dass wir uns auf Alles und auf Nichts konzentrieren können – ganz so, wie wir es uns wünschen.

Mit jedem Atemzug genießen wir nun diese innere Ruhe, Entspannung und Freiheit.

Wir sind nun ganz eins mit uns selbst, locker und ruhig.

Langsam wird aus dem Blau nun ein tiefes **Violett**.

Und wir spüren, wie unsere Gedanken frei und grenzenlos zu unbegrenzter Phantasie und Kreativität befähigt sind.

Eine Kreativität, die wir nutzen können, um hier, auf dieser hohen geistigen Ebene helfend und unterstützend zu arbeiten.

Ganz so, wie es die geistige Welt für uns vorsieht.

Wir sehen die Farbe Violett und sind kreativ und schöpferisch.

Wir bewegen uns frei und grenzenlos mit all unserer Liebe auf dieser schöpferischen Ebene.

Wir können unsere Kreativität auf dieser Ebene nutzen, um die menschlichen Selbstheilungskräfte wirkungsvoll zu aktivieren – und um uns und andere zu heilen.

(Pause)

Hier auf der violetten Ebene ist unser Bewusstsein grenzenlos und frei.

Frei und Kreativ. Hier auf der Violetten Ebene werden unsere Wünsche war.

Im violetten Licht haben wir Raum und Zeit überwunden.

Unser Bewusstsein ist allumfassend, grenzenlos und frei.

Hier auf der violetten Ebene kann uns nur Gutes begegnen – wir beherrschen jede Situation.

Sollten irgendwelche negativen Eindrücke entstehen, können wir sie einfach wegwünschen, denn unsere Wünsche werden hier zur Wirklichkeit.

Wir sind dadurch jederzeit Herr der Lage. Nur Gutes wird entstehen – weil wir Gutes wollen.

(Pause)

Auf der anderen Seite des Regenbogens angekommen erkennen wir unser Haus der Lichtarbeit.

Es ist unser ganz persönlicher Ort für die Lichtarbeit.

Unser Haus der Lichtarbeit steht wieder genau dort, wo wir es zuletzt verlassen haben.

In der Nähe können wir auch wieder das Wasser erkennen.

Das tiefe, blaue Wasser spiegelt die Umgebung wider.

Wir nähern uns langsam unserem Haus der Lichtarbeit und treten hinein.

Wir stehen in einem Raum, der ganz nach unseren Wünschen eingerichtet ist.

Links an der Wand hängt ein großer Spiegel. Wir treten ganz nah an ihn heran, und betrachten unser Spiegelbild.

Während wir unseren Körper betrachten, erkennen wir ganz genau, welche Organe Heilung benötigen.

Wir betrachten unseren Kopf, die Augen und Ohren, und den Hals. – Danach betrachten wir die Brust, die Lunge, das Herz, und unsere Arme.

Langsam gehen wir unseren ganzen Körper von oben nach unten durch.

Wir betrachten unseren Bauch, die Nieren, Leber, Magen und Verdauungsorgane.

Und schließlich wandert unser Blick noch tiefer, bis ganz hinab in die Beine.

Wir betrachten noch mal den gesamten Körper und stellen hierbei fest, welches Organ am nötigsten die Heilung erfahren möchte.

Wir entscheiden uns nun, diesem Organ zu helfen.

Wir setzen uns auf einen Stuhl in unserem Haus der Lichtarbeit, machen es uns dort bequem und entspannen uns.

Vor unserem geistigen Auge entsteht nun eine grüne Lichtkugel. Diese Lichtkugel ist voll heilender Energie. Wir sehen, wie sie strahlt und leuchtet.

Wir bitten nun die geistige Welt darum, dass wir alle Lernaufgaben, die jetzt noch mit unserm geschwächten Organ verbunden sind, erfolgreich abschließen dürfen, damit auch unsere Seele die Heilung unterstützen und annehmen kann.

Nun nehmen wir die Lichtkugel mit unseren Händen und führen sie zu dem Organ, welches die Heilung von uns empfangen soll, und welches wir besonders mit positiver Heilenergie versorgen wollen.

Wir spüren, wie die Energiekugel unserem Organ Heilenergie zuführt.

Wir genießen und beobachten diesen Vorgang sehr genau.

Wir spüren möglicherweise auch sofort die positiven Auswirkungen.

Aber wir wissen auch, dass wir unserem Organ die Zeit für die Heilung lassen, die es dafür braucht.

Es gibt keinen Grund zur Hast. Alles wird so schnell ablaufen, wie es die geistige Welt für richtig hält.

Voller Vertrauen in die geistige Welt lassen wir die Heilung zu und empfinden dabei tiefe Dankbarkeit.

Nun entstehen rings um uns goldene Sterne, die uns umgeben und uns durchdringen. Ganz besonders werden diese goldenen Sterne von der grünen Lichtkugel angezogen und sammeln sich um unser Organ.

Wir betrachten unser Organ, wie es in einem Bad aus grünem Licht und goldenen Sternen schwimmt.

Wir fühlen, wie sich unser Organ dabei wohlfühlt und bereitwillig die heilende Energie annimmt.

Das grüne Licht und die goldenen Sterne sind die perfekte Energiequelle für unser Organ und auch wenn wir wieder in die physische Welt zurückgekehrt sein werden, wird der Heilungsvorgang weiter voranschreiten.

Immer weiter. Bis unser Organ völlig gesund ist.

Wir atmen noch einmal tief durch, genießen den angenehmen Zustand und begeben uns dann nach draußen, vor unser Haus der Lichtarbeit.

(Pause)

Wir gehen über die Wiese zurück und durchschreiten wieder die Farben des Regenbogens.

Auf unserem Weg durch die Farben nehmen wir all unsere positiven Gedanken und unsere guten Gefühle mit.

Wir durchschreiten Violett, Blau, Grün, Gelb, Orange, Rot.

Liebe und Freude bestimmen unseren Weg.

Unser Bewusstsein wird nun langsam wieder zurückfinden in unseren Körper.

Ganz allmählich spüren wir wieder unseren Körper. Wir spüren, wie der Körper auf die Unterlage drückt.

Wir spüren wieder die Erdenschwere.

Nun atmen wir ganz bewusst und kräftig durch. Wir atmen bewusst und kräftig durch.

Ganz allmählich bewegen wir unsere Hände, bewegen unsere Füße und werden uns ein wenig recken und strecken, aber erst dann, wenn wir es wünschen, öffnen wir die Augen.

Erst dann, wenn wir es wünschen, öffnen wir die Augen.

06 – Konfrontations-Meditation

Anmerkungen

Lichtarbeiter sind Menschen, die den Weg nach Innen antreten. Diese Reise, hin zu mehr Spiritualität, ist meist auch mit einer charakterlichen Veränderung verbunden.

Menschen, die diesen Weg gehen, werden gelassener gegenüber den Widrigkeiten des Lebens, sehen einen Sinn in all den alltäglichen, gewöhnlichen und außergewöhnlichen Ereignissen, lernen die Anteilnahme an der Situation anderer, erhalten oft auch zusätzliche Fähigkeiten, wie zum Beispiel Aurasichtigkeit oder empathische Einblicke und verlieren meist auch einen Teil ihrer Ängste.

Dennoch sind auch Lichtarbeiter in aller Regel noch ganz normale Menschen mit ihren Stärken und Schwächen und auch der Weg nach Innen kann mit Stolpersteinen gepflastert sein.

Um ein Stück weit Verständnis für die herrschenden Situationen des eigenen Lebens zu erhalten, kann eine Konfrontation mit Menschen, mit denen wir im realen Leben Probleme haben, über den sanften Weg der Meditation sehr hilfreich sein.

Im folgenden finden Sie einen Text, der ganz bewusst diese Konfrontation mit „unliebsamen“ Mitmenschen herstellt und eine Lösung in uns selbst – und damit auch im Außen – entstehen lassen kann.

Über positive Gedanken können wir die Gesamtsituation in unserem realen Leben mit diesen Menschen, die uns immer wieder herausfordern und über die wir uns ärgern, verbessern oder sogar dauerhaft in Frieden auflösen.

Lassen Sie sich am besten einfach überraschen und falls Sie diese Meditation für andere leiten, verraten Sie bitte nicht zuviel.

Gerade bei diesem Text spielt das Überraschungsmoment eine besonders hilfreiche Rolle, die Sie für sich selbst und für andere nutzen können.

Text

Schließe die Augen. Du konzentrierst dich auf deinen Atem und atmest langsam und gleichmäßig ein und aus.

Langsam und gleichmäßig atmest du ein und aus – und dabei achtest du darauf, wie sich deine Lungen mit Luft füllen, wie sich der Brustkorb dadurch hebt und wieder senkt.

Und mit jedem Atemzug entspannst du dich mehr und mehr.

Deine Füße werden locker, deine Beine werden locker. Alle Muskeln lassen nun nach und entspannen sich. Auch die Arme sind ganz locker und entspannt. Ebenso die Schultern, der Hals und auch der Kopf.

Die Entspannung breitet sich in deinem ganzen Körper langsam aber sicher immer weiter aus. Bis sie jeden Muskel und jede Faser erreicht und entspannt hat.

Und nun konzentrierst du deine Gedanken nur noch darauf, in dich selbst hineinzublicken. Alle Geräusche und Eindrücke der Umwelt sind unwichtig. Du kannst sie wahrnehmen, aber sie sind nicht wichtig und so lässt du diese äußeren Eindrücke einfach vorbeiziehen. Alles ist nun leicht und locker, du bist entspannt und du bist bereit, die innere Arbeit anzufangen.

Denke an die Person oder Personen, die dir aktuell dein Leben schwer machen. Vielleicht ärgerst du dich immer wieder über Bosheiten, Uneinsichtigkeiten, Streitsucht oder einfach nur darüber, dass diese Personen dich übergehen und dich mit Geringschätzung behandeln.

Du weißt, dass das so **nicht** in Ordnung ist.

Vielleicht bist du deswegen wütend, enttäuscht, manchmal auch traurig oder richtig sauer. Das ist verständlich und auch ganz normal. Damit zeigst du dir selber, dass du dir eben nicht alles gefallen lassen möchtest.

Und die natürlichen Reaktionen, die in unserem Leben als erstes auftauchen, sind auch ganz wichtig, damit wir uns selbst verstehen lernen.

Heute wollen wir allerdings auch eine Übung des Vergebens praktizieren.

Alles hängt immer mit allem zusammen. Wenn du also die Erfahrung machst, dass Menschen dir etwas Unangenehmes oder Böses antun, dann steckt auch irgendwo tief in dir die Wurzel dafür, dass dir so etwas überhaupt passieren kann.

Wir sind immer in Verbindung mit der gesamten Schöpfung und es ist eine enorme Herausforderung, hinter all den Dingen, die wir erleben und die passieren, einen höheren Sinn zu erkennen.
Doch wenn jemand die ganzen Zusammenhänge kennt, dann ergibt sich aus diesem Gesamteindruck auch ein Sinn.

Alles im Leben hat einen Sinn und macht einen Sinn.

Und so, wie es morphogenetische Felder gibt, die bei der Familienaufstellung genutzt werden, um Problemsituationen zu lösen, so können wir auch über unsere eigenen Gedanken, unsere Umwelt und unsere Mitmenschen mit beeinflussen.

Ein böses Wort, und unser Gegenüber wird dadurch verletzt.
Ein liebevoller Gedanke und unser Gegenüber wird geheilt.

Und doch werden wir unser Gegenüber damit nicht verändern oder manipulieren. Wir bieten nur unsere Freundschaft an – ob diese angenommen wird, liegt außerhalb unserer Entscheidung.

Wie sehr unser Gegenüber sein Verhalten unserer liebevollen Zuwendung anpasst, wird davon abhängen, wie sehr seine Seele dazu bereit ist, eine Verbesserung in unserem gemeinsamen Umgang zuzulassen.
Daher ist es ganz wichtig, dass unsere Zuwendung aufrichtig und ehrlich ist und bleibt.

Denke an die Person, die dich am meisten in deinem Leben ärgert oder stört.

Du siehst diese Person nun vor deinem geistigen Auge.

Betrachte dir den Gesichtsausdruck dieser Person. Ist er ernst, vielleicht auch mürrisch?

Wie wirkt das Gesicht und auch die Haltung dieser Person auf dich?

Vielleicht erkennst du, dass die Person selbst ein paar große Probleme mit sich herumträgt.

Als kleine Babys kommen wir alle wohlgelaunt und freundlich auf die Welt.

Wenn Menschen im Alter unfreundlich, mürrisch oder böse werden, dann nur, weil sie eben immer wieder schlechte Erfahrungen gemacht haben und dadurch ein sehr schlimmes Weltbild angenommen haben.

Doch im Grunde steckt in diesen Menschen immer noch das kleine Baby, das sich nichts mehr wünscht, als geliebt zu werden und geborgen zu sein.

Und nun stellen wir uns vor, wie diese mürrische Person, die wir vor unserem geistigen Auge haben, immer jünger wird.

Vielleicht sehen wir die Person auch als junges Mädchen oder als jungen Burschen – und vielleicht sehen wir in den Augen und im Gesicht immer noch den Zorn, die Verbitterung und den Widerstand gegen alles und jeden, der nicht ins eigene Leben passt.

Und so stellen wir uns vor, wie diese Person immer noch jünger wird, bis wir nun das Baby vor unseren Augen haben, das sich später zu dieser schrecklichen Person entwickelt hat.

Und so sehen wir dieses kleine, hilflose Baby vor unserem inneren Auge – und egal, was dieser Mensch in seinem späteren Leben alles anstellen wird – in diesem Augenblick ist er noch absolut unschuldig.

Und nun können wir dieses Baby dabei unterstützen, ein anderes Leben anzufangen.

Wir nehmen das Baby in unseren Arm und drücken es sanft und liebevoll an unseren Brustkorb.

Wir nehmen dieses unschuldige Baby jetzt ohne Vorbehalte an – weil wir wissen, dass wir dadurch die verkorkste Seele dieses Menschen heilen können, wenn die Heilung angenommen wird.

Wir nehmen das Baby an – und nun versprechen wir dem kleinen Baby, dass wir es beschützen werden, dass wir immer da sein werden, um ihm zu helfen, um es zu unterstützen, und dass es in uns – ab jetzt – einen guten Freund hat.

Und wir sagen ihm auch, dass wir sehr glücklich darüber sind, wenn es dem Baby gut geht, und wenn es eine schöne, glückliche Kindheit hat.

Wir wünschen dem Baby alles Gute und senden ihm auch, so gut wir es können, unser Mitgefühl und unsere Zuneigung – damit es sich sicher und geborgen fühlt, auf seinem Lebensweg des Heranwachsens.

(Kurze Pause)

Und dann entlassen wir das Baby wieder aus unseren Armen und sehen es vor unserem geistigen Auge – wir sehen, wie es wieder älter wird.

(Kurze Pause)

Wir sehen nun wieder das junge Mädchen oder den jungen Burschen, der nun mit uns – als Freund oder Freundin – aufwächst.

Betrachte das Gesicht dieses jungen Menschen. Ist es glücklicher und zufriedener als vorher?

Kannst du vielleicht sogar ein Lächeln erkennen, das dir gilt?

Lasse das Bild vor deinem geistigen Auge auf dich wirken und fühle, ob es eine Veränderung in eurer gemeinsamen Verbindung gibt.

(Kurze Pause)

Und nun beobachte, wie dieser Mensch noch einmal älter wird und heranwächst – bis hin, zu der Person, die du aus deinem heutigen Leben kennst.

Und vielleicht hat sich der Gesichtsausdruck dieser Person jetzt wirklich dauerhaft verändert.

Vielleicht ist das Lächeln immer noch da?

Wenn es dir gelingt, dann reiche der Person deine Hand als Bestätigung deiner andauernden Freundschaft und deiner Unterstützung.

Und wenn du noch einen Schritt weiter gehen kannst oder möchtest, dann darfst du diese Person jetzt sogar umarmen.

(Kurze Pause)

Verabschiede dich von dieser Person nun so, wie du es in dieser Situation eben kannst.

Wenn du eine harmonische und liebevolle Verabschiedung schaffst, und wenn du den Eindruck hast, dass sich eure Verbindung dauerhaft verbessert hat, dann zeige dieser Person auch deine Freude darüber.

Solltest du immer noch Groll in dir spüren, dann bitte diese Person jetzt um Verzeihung für deinen Groll.

Denn auch du trägst dann ganz wesentlich dazu bei, dass euer beider Umgang so ist, wie er heute ist.

Das ist ganz normal. Nimm es einfach als gegeben an.

Und wenn du bereit bist, deinen Groll aufzugeben, um euren gegenseitigen Umgang doch noch zu verbessern, dann wiederhole diese Meditation ganz einfach noch einmal.

Du wirst spüren, dass es dir mit jedem Male leichter fällt, ein kleines Stück oder einen kleinen Schritt auf die Person zu zugehen und ihr die Taten zu verzeihen, die sie dir bis heute angetan hat.

Nimm das Gefühl, das du jetzt für diese Person empfindest – und denke dabei an deine Eindrücke, die du vom Baby und vom jungen Menschen hattest – mit.

Nimm dieses Gefühl mit in dein heutiges Leben.

Und nun verschwindet diese Person vor deinem geistigen Auge wieder.

Langsam kehrst du in den normalen Wachzustand zurück. Du fühlst dich immer noch entspannt und ausgeruht.

Langsam bewegst du deine Finger und Beine und dann, wenn du es willst, öffnest du die Augen.

Dann, wenn du es willst, öffnest du die Augen.

07 – Heilende Hände und Schutzaura

Anmerkungen

Die folgende Meditation dient dazu, Erfahrungen mit „Heilenden Händen“ zu erspüren und zu erfahren, wie eine Schutzaura angelegt wird.

Beim geistig-energetischen Arbeiten besteht ein ganz wesentlicher Bestandteil darin, durch möglichst genaue Visualisierungen und klare Gedanken innere Bilder von Heilvorgängen und gesunden Körperzuständen entstehen zu lassen, die sich dann in der physischen Realität manifestieren können.

Das Visualisieren und „Erspüren“ der Heilenergien in den Händen ist eine ganz hervorragende Voraussetzung dafür, eine Sensibilität für die energetischen Vorgänge zu entwickeln, die man spüren kann, wenn man später auch außerhalb einer Meditation mit Heilenden Händen arbeitet oder mit den Heilenergien, die über die Hände übertragen werden.

Je mehr man es gewohnt ist, in der Meditation mit Licht- und Heilenergien zu arbeiten, desto besser gelingt es auch außerhalb der Meditation, wenn man im Beisein eines Menschen, den man energetisch behandeln möchte, einen ruhigen, entspannten Zustand einnimmt und dann die „Hände auflegt“.

Das Visualisieren der Schutzaura wird derart durchgeführt, dass diese Schutzaura bei späteren Behandlungen auch „automatisch“ aktiviert wird, sollte man einmal nicht bewusst daran denken.

Dies dient zum Schutz des geistig-energetisch tätigen Lichtarbeiters wie auch zum Schutz des Menschen, der behandelt wird.

Durch die Schutzaura können nur solche Energien hindurchfließen, die für eine Heilbehandlung förderlich und hilfreich sind. Alle erdenklichen negativen oder ungewollten Einkopplungen oder Übertragungen von Energien, die störend, hinderlich oder unerwünscht wären, werden sicher und zuverlässig unterbunden.

Damit lässt sich ein Höchstmaß an Effektivität und Harmonie beim Übertragen der geistigen Energien erreichen. Die erwünschte Heilung wird damit bestmöglich unterstützt.

Gleichwohl bleibt auch hier anzumerken, dass wir über geistig-energetisches Arbeiten keine Heilung erzwingen werden.

Wir bieten der Seele des betroffenen Menschen lediglich hilfreiche Energien an, die für eine Heilung genutzt werden können.

Ob und wie eine Heilung stattfindet, hängt immer von der Seele des Betroffenen ab. Heilung entsteht oder erfolgt, wenn der behandelte Mensch sich der Liebe in seiner ganz speziellen Situation öffnet und die Heilung auf der Seelenebene zulässt. Es sind sehr feine aber durchaus auch manchmal sehr kräftige Veränderungen, die hier passieren können.

Letztlich gilt immer: Die Lichtarbeiter unterstützen mit heilenden Energien und die Behandelten spüren und erkennen danach, ob sich durch die Behandlung etwas verändert hat.

Ob eine Heilung geschieht, kann letztlich nur der Patient selbst feststellen.

Ein verantwortungsbewusster Lichtarbeiter wird niemals eine Aussage über einen sicheren Erfolg einer Heilbehandlung machen. Ein guter Lichtarbeiter versichert lediglich, dass er (oder sie) alles hier Mögliche getan hat, um den Heilvorgang optimal zu unterstützen und in Gang zu bringen.

Das Ergebnis der Lichtarbeit kann sich bereits während der Behandlung zeigen, oder auch erst danach und kann, wie gesagt, am allerbesten vom Betroffenen selbst „erspürt" werden.

Derjenige wird mit seinen Heilenergien am erfolgreichsten sein, der beim geistig-energetischen Arbeiten „am Besten aus dem Weg geht" und die Energien einfach in liebevoller Zuwendung fließen lässt.

Text

Wir legen oder setzen uns bequem hin und schließen unsere Augen.

Ganz bewusst und ruhig atmen wir tief ein und aus.

Und wir spüren dabei, wie wir uns mit jedem Atemzug mehr und mehr entspannen.

Wir nehmen nur noch unseren Atem wahr, fühlen die einströmende Luft – und fühlen, wie sich unser Brustkorb mit jedem Atemzug hebt und senkt.

Ruhig und gleichmäßig atmen wir – und dabei entspannen wir uns mehr und mehr.

Wir sind nun bereit, die Farben des Regenbogens zu durchschreiten.

Vor unserem inneren Auge sehen wir nun die Farbe **Rot**.

Und wir fühlen, wie die warme Decke der Entspannung über unsere Füße aufsteigt.

Wie eine Decke, die wir uns langsam von den Füßen her überziehen, spüren wir die Entspannung in uns aufsteigen.

Unsere Füße werden warm.

Und die Entspannung steigt langsam über die Knöchel hoch in unsere Waden – und weiter – bis in die Knie.

Wir sehen nun die Farbe **Orange**. Vor unserem inneren Auge entsteht die Farbe Orange.

Wir sehen die Farbe Orange und unsere Oberschenkel entspannen sich.

Alle Muskeln in unseren Beinen entspannen sich und ein angenehmes, wohliges Gefühl breitet sich in unseren Beinen von unten nach oben immer weiter aus.

Gleichzeitig fühlen wir Zufriedenheit in uns aufsteigen.

Wir sehen nun die Farbe **Gelb**. Ein helles, sonnenfarbenes Gelb.

Vor unserem inneren Auge entsteht die Farbe Gelb. Wir sehen nun die Farbe Gelb.

Wir spüren, wie unsere Decke der Entspannung unser Becken erreicht und von dort über unsere Hüften heraufgezogen wird.

Unser ganzer Unterkörper ist nun entspannt und locker und wir spüren, wie sich Freude in uns ausbreitet.

Wir sehen nun die Farbe **Grün**. Vor unserem inneren Auge entsteht die Farbe Grün.

Langsam und konstant lassen wir unsere Decke der Entspannung nun über den Bauchnabel hoch wandern – über unsere Finger und Unterarme – über unseren Brustkorb – bis hoch über unsere Schultern.

Alle unsere Muskeln entspannen sich dabei, werden angenehm schwer und locker.

Die Wärme und Geborgenheit breitet sich nun auch in unserem Oberkörper immer weiter aus.

Wir sehen die Farbe Grün und fühlen Liebe und Zuwendung zum ganzen Universum.

Wir fühlen uns eins mit Allem, was ist.

Unser Oberkörper und unsere Arme sind nun völlig entspannt und die Liebe breitet sich in uns aus.

Wir fühlen, wie die Decke der Entspannung um unseren ganzen Körper gelegt ist und uns ein angenehmes, wohliges Gefühl der Ruhe und Gelassenheit umgibt.

Unsere Gedanken erheben sich nun zum Himmel – und vor unserem inneren Auge entsteht die Farbe **Blau**.

Wir lassen die Entspannung weiter in uns aufsteigen – in den Hals und in den Kopf.

Wir entspannen alle unsere Halsmuskeln und lassen das angenehme Gefühl dann in unseren Kopf fließen.

Wir fühlen uns nun rundum entspannt.

Die Decke unserer Entspannung umhüllt unsere Beine und unseren Oberkörper – und auch der Kopf ist angenehm entspannt.

Wir sehen die Farbe Blau und unser Tagesbewusstsein entspannt sich.

Die Gedanken lassen los und wir genießen die innere Freiheit und Gelassenheit.

Wir fühlen, wie unser Körper leichter wird, und unser Bewusstsein wird klar und frei.

Wir spüren, dass wir uns auf Alles und auf Nichts konzentrieren können. Ganz so, wie wir es uns wünschen.

Mit jedem Atemzug genießen wir nun diese innere Ruhe, Entspannung und Freiheit.

Wir sind nun ganz eins mit uns selbst, locker und ruhig.

Langsam wird aus dem Blau nun ein tiefes **Violett**.

Und wir spüren, wie unsere Gedanken frei und grenzenlos zu unbegrenzter Phantasie und Kreativität befähigt sind.

Eine Kreativität, die wir nutzen können, um hier, auf dieser hohen geistigen Ebene helfend und unterstützend zu arbeiten.
Ganz so, wie es die geistige Welt für uns vorsieht.

Wir sehen die Farbe Violett und sind kreativ und schöpferisch.
Wir bewegen uns frei und grenzenlos mit all unserer Liebe auf dieser schöpferischen Ebene.

Wir können unsere Kreativität auf dieser Ebene nutzen, um die menschlichen Selbstheilungskräfte wirkungsvoll zu aktivieren – und um uns und andere zu heilen.
Hier auf der violetten Ebene ist unser Bewusstsein frei. Frei und Kreativ.

Hier auf der Violetten Ebene werden unsere Wünsche und Vorstellungen zur Wirklichkeit.
Im violetten Licht können wir Raum und Zeit mühelos durchschreiten und überwinden.
Unser Bewusstsein ist frei und kreativ und grenzenlos.

Vor unserem inneren Auge entsteht nun unser ganz persönlicher Ort für die Lichtarbeit.
Wir sehen unseren ganz persönlichen Ort für die Lichtarbeit. Wir sind an unserem ganz persönlichen Ort für die Lichtarbeit.

Wir spüren die warme Sommersonne und wir sehen die Bäume und Pflanzen.

Wir sehen das Wasser und wir sehen die Blumen.

Wir fühlen uns angenehm und wohl – und jugendlich frisch an unserem Ort für die Lichtarbeit.

Es ist unsere Welt, die von uns erschaffen und erhalten wird.

Hier auf dieser Ebene am ganz persönlichen Ort für die Lichtarbeit wird uns nur Gutes begegnen.

Wir sind jederzeit Herr der Lage und wir bestimmen, was geschieht.

Alle unangenehmen Eindrücke dürfen wir einfach wegwünschen.

Wir sind hier frei von allen Belastungen und kreativ.

Und wir genießen die Eindrücke unseres Ortes für die Lichtarbeit.

Wir sehen unser Haus der Lichtarbeit und gehen darauf zu.

Wir öffnen die Türe und treten ein – in unser Haus der Lichtarbeit.

In der Mitte des Raumes sehen wir unseren Stuhl – Wir setzen uns auf unseren Stuhl und schließen die Augen.

Nun bitten wir die geistige Welt, erste Erfahrungen mit der Heilenergie machen zu dürfen.

Wir bitten darum, jetzt **heilende Hände** zu erhalten.

Im Stuhl in unserem Haus der Lichtarbeit öffnen wir nun die Augen und betrachten unsere Hände – und wir sehen an unseren Händen einen Lichtschimmer, der sich von einer Hand zur anderen Hand erstreckt.

Wir betrachten diesen Lichtschimmer – welche Farbe hat er?

Wir halten die Hände locker vor uns und spüren in diese Energie hinein.

Wie fühlt es sich an, wenn wir die Hände aufeinander zu bewegen oder voneinander entfernen?

Wir fühlen hinein – fühlen die Kraft dieser heilenden Energie. Wie fühlt sich der Energiestrom an? Ist er kühl oder warm?

Ziehen sich die Hände an oder stoßen sie sich ab?

Wir fühlen hinein und lassen die Energie von einer Hand in die andere fließen.

Nun formen wir aus dieser Energie eine Lichtkugel.

Wir lassen immer mehr Energie in diese Lichtkugel fließen, bis sie groß ist, wie ein Ball.

(Kurze Pause)

Nun führen wir diesen Lichtball an unseren Körper – dorthin, wo wir die heilende Energie besonders gut brauchen können.

Falls wir gesund sind, dann führen wir die Lichtkugel einfach zu unserem Herzen.

Wir spüren, wie sich diese Heilenergie für uns anfühlt.

(Kurze Pause)

Dann reiben wir die Hände aneinander und bedanken uns bei der geistigen Welt für diese positive Erfahrung mit der Heilenergie.

Nun bitten wir die geistige Welt um eine **Schutzaura**, die uns jederzeit zur Verfügung steht, wenn wir andere Menschen heilen.

Vor unserem inneren Auge entsteht eine Schutzaura aus violettem Licht.

Diese Schutzaura können wir ganz leicht und mühelos wie einen Mantel über unsere eigene Aura legen und sofort sind wir geschützt und sicher vor allen ungewollten Einflüssen, die während einer Heilbehandlung auftreten könnten.

Wir sind damit vollkommen geschützt.

Die Heilenergie kann jederzeit weiter durch unsere Hände zum Patienten fließen, aber jede Übertragung von Krankheiten oder unangenehmen Einflüssen eines Patienten auf uns wird wirkungsvoll von unserer Schutzaura abgehalten.

Wir bitten darum, dass die geistige Welt uns jederzeit daran erinnert, die Schutzaura vor den Heilbehandlungen anzulegen, falls dies notwendig sein sollte.

Und wir bedanken uns für diese Schutzaura.

Vielleicht erhalten wir nun auch ein **Geschenk** – eine Schatulle oder eine Schachtel, in der wir unsere Schutzaura sicher aufbewahren können, bis wir sie wieder brauchen.

Wir können dann diese Schatulle auf unseren Tisch im Haus der Lichtarbeit stellen und sie dort aufbewahren – oder an irgendeiner anderen Stelle, die uns dafür geeignet erscheint.

Wir bedanken uns auch für unser Geschenk und machen uns bereit, in die physische Welt zurückzukehren. Wir stehen aus unserem Stuhl auf – und treten durch die Türe hinaus – vor unser Haus der Lichtarbeit.

Wir genießen noch einmal die Wärme der Sonnenstrahlen und machen uns dann bereit, durch die Regenbogenfarben zurückzukehren.

Und so verblassen die Eindrücke am Ort für die Lichtarbeit und vor unserem inneren Auge entsteht wieder das violette Licht. Wir stehen in diesem Licht.

Aus dem Violett wird ein Blau und wir spüren, wie sich unser Bewusstsein wieder konzentriert.

Aus dem Blau wird nun ein Grün.

Wir spüren, wie unser Tagesbewusstsein wieder kommt.

Wir sehen die Farbe Gelb und wir spüren die Erdenschwere.

Wir spüren wieder unseren Körper, wie er auf die Unterlage drückt.

Nun entsteht die Farbe Orange und wir benutzen ganz bewusst wieder den Atem. Wir atmen kräftig durch.

Und nun sehen wir die Farbe Rot und alle fünf Sinne sind wieder aktiviert. Wir sind wieder im hier und jetzt – und wir fühlen uns frisch und ausgeruht.

Wir recken und strecken uns ein wenig – und dann, wenn wir es wollen, öffnen wir die Augen.

Dann, wenn wir es wollen, öffnen wir die Augen.

08 – Heilende Hände, Schutz und Reinigung

Anmerkungen

Diese Meditation dient dazu, die Erfahrungen mit den Heilenden Händen auszubauen, das Anlegen der Schutzaura zu üben und eine persönliche Reinigung durchzuführen.

Über Reinigungstechniken erreichen wir, dass unser geistiger Energiekörper von störenden Einflüssen befreit wird.

Vergleichbar dem Vorgang des Duschens, mit dem wir unseren physischen Körper säubern, kann es hilfreich und förderlich sein, wenn wir mit geistigen Methoden auch unseren Astralleib oder Energiekörper sanft und doch wirkungsvoll von all den Energien befreien, für die wir in unserer jetzigen Situation und auf dem Stand unserer aktuellen Entwicklung keine Verwendung mehr haben.

Alles Störende kann herausgewaschen werden. Wir werden durch solch einen Vorgang erfrischt und vitalisiert, kommen wieder mehr in unsere eigene Energie und kommen uns selbst dabei auch wieder ein gutes Stück näher.

Aus diesem Vorgang heraus kann das eigene Selbstverständnis und unser Selbstwertgefühl gestärkt werden.

Wir lernen uns selbst wieder ein wenig mehr und besser kennen und können auch energetische Tätigkeiten mehr aus unserer Mitte heraus durchführen.

Auch der spirituelle oder geistig-energetische Schutz ist ein ganz bedeutendes Thema.

Als Lichtarbeiter kommen wir doch mehr oder weniger oft mit unbekannten Energien in Kontakt.

Um sicherzustellen, dass wir von störenden energetischen Einflüssen frei bleiben, empfiehlt es sich immer, in Situationen, die uns ein Stück weit auch auf neues Terrain führen oder in denen wir uns noch unsicher fühlen, einen persönlichen energetischen Schutz anzulegen.

Damit können wir hervorragend nach Außen hin wahrnehmen, werden aber selbst nur von hilfreichen Energien erreicht.

Wie das beispielsweise geht, können Sie in der folgenden Meditation erfahren.

Text

Wir legen oder setzen uns bequem hin und schließen unsere Augen.

Ganz bewusst und ruhig atmen wir tief ein und aus.

Und wir spüren dabei, wie wir uns mit jedem Atemzug mehr und mehr entspannen.

So, wie wir es gewohnt sind, durchschreiten wir die Farben unserer Chakren – die Regenbogenfarben von – Rot nach Violett.

Ruhig und gleichmäßig atmen wir – und dabei entspannen wir uns mehr und mehr.

Wir sind nun bereit, die Farben des Regenbogens zu durchschreiten.

Vor unserem inneren Auge sehen wir nun die Farbe **Rot**.

Unsere Füße werden warm.

Und die Entspannung steigt langsam über die Knöchel hoch in unsere Waden – und weiter – bis in die Knie.

Wir sehen nun die Farbe **Orange**.

Wir sehen die Farbe Orange und unsere Oberschenkel entspannen sich.

Gleichzeitig fühlen wir Zufriedenheit in uns aufsteigen.

Wir sehen nun die Farbe **Gelb**. Ein helles, sonnenfarbenes Gelb.

Wir spüren, wie unsere Decke der Entspannung unser Becken erreicht und von dort über unsere Hüften heraufgezogen wird.

Unser ganzer Unterkörper ist nun entspannt und locker und wir spüren, wie sich Freude in uns ausbreitet.

Wir sehen nun die Farbe **Grün**.

Langsam und konstant lassen wir unsere Decke der Entspannung nun über den Bauchnabel hoch wandern – über unsere Finger und Unterarme – über unseren Brustkorb – bis hoch über unsere Schultern.

Die Wärme und Geborgenheit breitet sich nun in unserem Oberkörper immer weiter aus.

Wir sehen die Farbe Grün und fühlen Liebe und Zuwendung zum ganzen Universum.

Wir fühlen uns eins mit Allem, was ist.

Unser Oberkörper und unsere Arme sind nun völlig entspannt und die Liebe breitet sich in uns aus.

Unsere Gedanken erheben sich nun zum Himmel – und vor unserem inneren Auge entsteht die Farbe **Blau**.

Wir lassen die Entspannung weiter in uns aufsteigen – in den Hals und in den Kopf.

Wir fühlen uns nun rundum entspannt.

Wir sehen die Farbe Blau und auch unser Tagesbewusstsein entspannt sich.

Die Gedanken lassen los und wir genießen die innere Freiheit und Gelassenheit.

Wir fühlen, wie unser Körper leichter wird, und unser Bewusstsein wird klar und frei.

Ganz so, wie wir es uns wünschen.

Wir sind nun ganz eins mit uns selbst, locker und ruhig.

Langsam wird aus dem Blau nun ein tiefes **Violett**.

Und wir spüren, wie unsere Gedanken frei und grenzenlos zu unbegrenzter Phantasie und Kreativität befähigt sind.

Wir sehen die Farbe Violett und sind kreativ und schöpferisch.

Wir bewegen uns frei und grenzenlos mit all unserer Liebe auf dieser schöpferischen Ebene.

(Pause)

Vor unserem inneren Auge entsteht nun unser ganz persönlicher Ort für die Lichtarbeit.

Wir sind an unserem ganz persönlichen Ort für die Lichtarbeit.

Wir spüren die warme Sommersonne und wir sehen die Bäume und Pflanzen, das Wasser und die Blumen.

Es ist unsere Welt, die von uns erschaffen und erhalten wird.

Hier auf dieser Ebene am ganz persönlichen Ort für die Lichtarbeit kann uns nur Gutes widerfahren.

Wir sehen unser Haus der Lichtarbeit und gehen darauf zu.

Wir öffnen die Türe und treten ein – in unser Haus der Lichtarbeit.
Wir setzen uns auf unseren Stuhl in der Mitte des Raumes und schließen die Augen.

Nun bitten wir die geistige Welt, wieder unsere **Heilenden Hände** zu erhalten.

Im Stuhl in unserem Haus der Lichtarbeit öffnen wir nun wieder die Augen und betrachten unsere Hände – und wir sehen den farbigen Lichtschimmer, die Energie zwischen unseren Händen.

Wir halten die Hände locker vor uns und spüren in diese Energie hinein.
Wir fühlen hinein – fühlen die Kraft dieser heilenden Energie.
Wir lassen die Energie von einer Hand in die andere fließen.
Nun formen wir aus dieser Energie einen Kelch.

Wir formen einen Kelch und bitten die geistige Welt, diesen Kelch zu füllen – mit geistiger Energie aus dem Universum, die ganz speziell für unsere persönliche Heilung und unsere spirituelle Entwicklung geeignet ist.
Wir beobachten, was geschieht und wie der Kelch gefüllt wird.
Wir betrachten den gefüllten Kelch der Heilung und Entwicklung und bitten um den Segen der geistigen Welt.

Nun führen wir den Kelch zum Mund und trinken ihn aus. Schluck für Schluck trinken wir die heilende Füllung.

Dann lassen wir den heilenden Kelch aus unseren Händen direkt in unser Regal im Haus der Lichtarbeit schweben.

Dort wird er aufbewahrt und wir können ihn jederzeit wieder hervorholen, wenn wir das wünschen, um ihn erneut von der geistigen Welt füllen zu lassen und daraus zu trinken.

Dann reiben wir die Hände aneinander und bedanken uns bei der geistigen Welt für diese positive Erfahrung mit der Heilenergie.

Nun lassen wir unsere **Schutzaura** entstehen und legen sie an.

Vor unserem inneren Auge entsteht unsere Schutzaura aus violettem Licht.

Leicht und mühelos legen wir sie wie einen Mantel über unsere eigene Aura und sofort sind wir geschützt und sicher vor allen negativen Einflüssen.

Wir sind damit vollkommen geschützt.

Wir fühlen in unsere Schutzaura hinein und genießen das Gefühl der Sicherheit und Geborgenheit.

(Kurze Pause)

Nun legen wir die Schutzaura wieder ab und sitzen aufrecht in unserem Stuhl.

Wir bitten die geistige Welt um die **Reinigung** all unserer energetischen Felder und Anteile.

Wir werden uns unserer Aura bewusst und beobachten, wie aus der geistigen Welt helles silberfarbenes Licht von oben auf uns herabfällt.

Wie Regentropfen fällt das silberne Licht von oben auf unsere Aura, durchfließt und durchströmt unsere Aura und wäscht vom Kopf bis zu den Füßen alles, was nicht mehr zu uns gehört – alle Belastungen und Verunreinigungen – aus unserer Aura hinaus.

Vielleicht sehen wir die verunreinigten Energieanteile im Boden versickern.

Und wir wissen, dass die Erde diese Energien sicher aufnehmen wird und wieder in positive kräftige und helfende Energie zurückverwandeln kann.

Wir spüren, wie unsere ganze Aura, die uns umgibt und durchdringt mehr und mehr gereinigt wird, wie wir uns befreit und sauber fühlen.

Wir dürfen alles, was nicht mehr zu uns gehört und was wir als nutzlose Belastung empfinden, auswaschen und wegfließen lassen.

(Kurze Pause)

Jetzt heben wir unsere Hände in die Höhe und lassen das silberne Licht über unsere Fingerspitzen einfließen.

Wir spüren hinein, wie das Silberlicht durch unsere Finger in unsere Arme flutet, über die Schultern den Oberkörper hinab bis in die Beine.

Und dann – an unseren Zehen fließt das Silberlicht wieder aus und nimmt dabei alle Blockaden und Verunreinigungen aus unserem Energiekörper mit.

Auch diese Energien versickern in der Erde, wo sie regeneriert werden.
Wir senken unsere Arme und sitzen ruhig in unserem Stuhl.

Nun sehen wir, wie goldenes Licht in unsere Chakren fließt, durchzogen von silbernen Fäden.
Über den Kopf in unser Stirn-Chakra, unser drittes Auge, in unser Hals-Chakra und in unser Herz.
Auch in unser Bauch-Chakra, das Sakral-Chakra unterhalb des Bauchnabels und in unser Wurzel-Chakra zwischen unseren Beinen.

Wir bitten die geistige Welt bei diesem Vorgang um die bestmögliche Unterstützung und Hilfe.

Alle Chakren werden von dem goldenen Licht mit den silbernen Fäden durchflutet.
Vielleicht fühlen wir, wie unsere Chakren dadurch gereinigt werden.

Das goldene Licht löst sich dann außerhalb unserer Aura wieder auf, und fließt zurück ins Universum.

Zusammen mit dem goldenen Licht und den silbernen Fäden verschwinden alle Verunreinigungen aus unseren Chakren, die wir zum jetzigen Zeitpunkt loslassen wollen und können, um uns für neue Entwicklungen zu öffnen und vorzubereiten.

(Kurze Pause)

Nun sehen wir, wie das goldene Licht langsam aber sicher wieder nachlässt.

Wir sehen, wie das goldene Licht mit den silbernen Fäden nachlässt, bis es schließlich ganz verschwunden ist.

Wir bedanken uns bei der geistigen Welt für die Unterstützung bei unserer Reinigung – und nehmen unsere neuen Entwicklungschancen und Möglichkeiten dankbar und freudig an.

Wir wissen, dass wir voller Vertrauen sein dürfen, auf die Unterstützung durch die geistige Welt.

Wir wollen helfend und heilend wirken und durch unsere liebevolle Zuwendung kann nur Gutes geschehen.

Wir schließen die Augen – auf unserem Stuhl in unserem Haus der Lichtarbeit – und fühlen nun langsam wieder in unseren physischen Körper hinein.

Wir sind bereit, in die physische Welt zurückzukehren.

Und so verlassen wir die Eindrücke an unserem ganz persönlichen Ort für die Lichtarbeit – und vor unserem inneren Auge entsteht wieder das violette Licht.

Aus dem Violett wird ein Blau und wir spüren, wie sich unser Bewusstsein wieder konzentriert.

Aus dem Blau wird nun ein Grün.

Wir spüren, wie unser Tagesbewusstsein wieder kommt.

Wir sehen die Farbe Gelb und wir spüren die Erdenschwere.

Wir spüren wieder unseren Körper, wie er auf die Unterlage drückt.

Nun entsteht die Farbe Orange und wir benutzen ganz bewusst wieder den Atem.

Wir atmen kräftig durch.

Und nun sehen wir die Farbe Rot und alle fünf Sinne sind wieder aktiviert.

Wir sind wieder im hier und jetzt – und wir fühlen uns frisch und ausgeruht.

Wir bewegen unsere Finger und Zehen, recken und strecken uns ein wenig – und dann, wenn wir es wünschen, öffnen wir die Augen.

Dann, wenn wir es wünschen, öffnen wir die Augen.

09 – Kontakt zum Höheren Selbst -Teil I

Anmerkungen

Diese Meditation dient zur Kontaktaufnahme mit dem Höheren Selbst. Das Höhere Selbst ist ein Seelenanteil des Menschen, der über große Weisheit und Einsicht verfügt. Über die Möglichkeit, mit dem Höheren Selbst zu kommunizieren, erhalten die Teilnehmer Antworten und Inspiration in Bezug auf die Fragen, die während der Zusammenkunft gestellt werden.

Der Kontakt mit dem Höheren Selbst sollte sich immer als ganz besonders positiv darstellen. Man sollte die Weisheit und auch die Hilfsbereitschaft dieses Seelenanteils wahrnehmen können. Auch Vertrauen sollte sich auf ganz natürliche Weise einstellen.

Wenn sich beim Kontakt alles „gut und richtig" anfühlt und auch die Antworten einen brauchbaren Wert haben, der im praktischen Leben des Alltags umgesetzt werden kann, dann dürfen wir von einem erfolgreichen Kontakt sprechen.

Üblicherweise sollte sich dieser Erfolg bei geübten Meditationsteilnehmern, die schon ein klein wenig Erfahrung mit Entspannungstechniken haben, sehr leicht einstellen.

Wurden die Meditationen in diesem Büchlein der Reihe nach durchgearbeitet, dann sollte diese Kontaktaufnahme sehr leicht fallen.

Text

Wir legen oder setzen uns bequem hin und schließen unsere Augen.

Ganz bewusst und ruhig atmen wir tief ein und aus.

Und wir spüren dabei, wie wir uns mit jedem Atemzug mehr und mehr entspannen.

So, wie wir es gewohnt sind, werden wir die Farben unserer Chakren – die Regenbogenfarben – von Rot nach Violett durchschreiten.

Ruhig und gleichmäßig atmen wir – und dabei entspannen wir uns mehr und mehr.

Wir sind nun bereit, die Farben des Regenbogens zu durchschreiten.

Vor unserem inneren Auge sehen wir nun die Farbe **Rot**.

Unsere Füße werden warm.

Und die Entspannung steigt langsam über die Knöchel hoch in unsere Waden – und weiter – bis in die Knie.

Wir sehen nun die Farbe **Orange**.

Wir sehen die Farbe Orange und unsere Oberschenkel entspannen sich.

Gleichzeitig fühlen wir Zufriedenheit in uns aufsteigen.

Wir sehen nun die Farbe **Gelb**. Ein helles, sonnenfarbenes Gelb.

Wir spüren, wie unsere Decke der Entspannung unser Becken erreicht und von dort über unsere Hüften heraufgezogen wird.

Unser ganzer Unterkörper ist nun entspannt und locker und wir spüren, wie sich Freude in uns ausbreitet.

Wir sehen nun die Farbe **Grün**.

Langsam und konstant lassen wir unsere Decke der Entspannung nun über den Bauchnabel hoch wandern – über unsere Finger und Unterarme – über unseren Brustkorb – bis hoch über unsere Schultern.

Die Wärme und Geborgenheit breitet sich nun in unserem Oberkörper immer weiter aus.

Wir sehen die Farbe Grün und fühlen Liebe und Zuwendung zum ganzen Universum.

Wir fühlen uns eins mit Allem, was ist.

Unser Oberkörper und unsere Arme sind nun völlig entspannt und die Liebe breitet sich in uns aus.

Unsere Gedanken erheben sich nun zum Himmel – und vor unserem inneren Auge entsteht die Farbe **Blau**.

Wir lassen die Entspannung weiter in uns aufsteigen – in den Hals und in den Kopf.

Wir fühlen uns nun rundum entspannt.

Wir sehen die Farbe Blau und auch unser Tagesbewusstsein entspannt sich.

Die Gedanken lassen los und wir genießen die innere Freiheit und Gelassenheit.

Wir fühlen, wie unser Körper leichter wird, und unser Bewusstsein wird klar und frei.

Ganz so, wie wir es uns wünschen.

Wir sind nun ganz eins mit uns selbst, locker und ruhig.

Langsam wird aus dem Blau nun ein tiefes **Violett**.

Und wir spüren, wie unsere Gedanken frei und grenzenlos zu unbegrenzter Phantasie und Kreativität befähigt sind.

Wir sehen die Farbe Violett und sind kreativ und schöpferisch.

Wir bewegen uns frei und grenzenlos mit all unserer Liebe auf dieser schöpferischen Ebene.

(Pause)

Wir fühlen uns angenehm entspannt und doch sind wir auch aufmerksam.

Wir spüren, wie wir allmählich mitten in der Nacht in unserem eigenen Schlafzimmer zu Hause aufwachen.

Wir sehen uns in unserem Schlafzimmer um.

Es ist ziemlich dunkel, doch unsere Augen passen sich immer besser der Dunkelheit an und wir erkennen nach und nach die Wände und die Einrichtung in unserem Schlafzimmer.

Dann sehen wir etwas, das wir hier noch nie gesehen haben – eine kleine Türe an der Wand gegenüber. Diese kleine Türe macht uns neugierig.

Und so entschließen wir uns dazu, aufzustehen um diese Türe zu untersuchen.

Während wir zu dieser Tür gehen, spüren wir den Fußboden unter unseren nackten Füßen.

Wir gehen zur Türe und bemerken direkt neben der Tür eine aufgehängte Lampe mit einer brennenden Kerze darin.

Wir nehmen die Lampe von der Halterung und das Licht der Kerze erhellt den Raum für uns.

Wir betrachten uns im Schimmer des Kerzenlichtes die Beschaffenheit dieser Tür etwas genauer.

Wie sieht sie aus? Ist sie leicht oder eher schwer?

Welche Farbe hat sie? Vielleicht erkennen wir auch Verzierungen an der Türe.

Welche Form hat die Türe? Ist sie oben gerade oder eher rund mit einem Türbogen?

Und wir betrachten uns den Türknauf. Vielleicht erkennen wir in seiner Mitte auch etwas, das ein wertvoller Edelstein zu sein scheint. Wir sehen uns den Türknauf genau an und prägen uns alles ein.

(Kurze Pause)

Wir nehmen den Türknauf in die Hand, drehen ihn und öffnen die Türe.

Mit unserer Lampe können wir hinter der Türe die Stufen einer Wendeltreppe erkennen, die nach oben führt. Und so entschließen wir uns, den Kopf ein wenig einzuziehen und durch die kleine Türe einzutreten.
Wir machen einen langsamen Atemzug um festzustellen, wie es in diesem Treppengang riecht.
Dann schreiten wir die Stufen Schritt für Schritt nach oben.
Wir fühlen neben uns die engen Wände und wir spüren den Boden unter unseren nackten Füßen.

Wie fühlt er sich an? Ist er eher kalt oder angenehm warm?
Wir achten auf unsere Eindrücke und auf unsere Gefühle, während wir langsam aber sicher, Stufe für Stufe die Wendeltreppe emporsteigen.

Und so kommen wir nun an einen Treppenabsatz, halten dort inne und ruhen uns ein wenig aus.
Wir achten wieder auf die Beschaffenheit des Bodens und wie er sich unter unseren Füßen anfühlt.

Dann machen wir uns bereit, die Wendeltreppe weiter emporzusteigen.
Wir betreten die nächste Stufe und bemerken sofort, dass die Wände nun ein wenig weiter geworden sind.

Wir steigen Stufe für Stufe hinauf und wieder achten wir auf unsere Gedanken und Gefühle, während wir die Wendeltreppe hochsteigen – Schritt für Schritt – Stufe für Stufe.

(Kurze Pause)

Und wieder kommen wir an einen Treppenabsatz. Wir halten an, machen eine zweite, kurze Pause und achten auf alles, was wir hier wahrnehmen.

Wir wissen, dass wir in Sicherheit sind und wir wissen auch, dass uns dieser Weg an einen Ort führen wird, den wir schon freudig erwarten.

Und so fällt unser Blick auf die weiteren Stufen nach oben.

Wir betreten die nächste Stufe und erkennen, dass die Wände wiederum ein wenig weiter geworden sind.

Es kommt uns so vor, als könnten wir die Wände mit unseren Händen kaum noch berühren

Stufe um Stufe fühlen wir uns freier und auch geborgen.

Und schließlich – nach der letzten Stufe kommen wir am obersten Treppenabsatz an.

Und wir sehen eine große Türe vor uns.

Es ist immer noch dunkel und wir erkennen, wie unter dieser großen Türe ein Lichtschein hervorschimmert.

Wir heben unsere Lampe ein wenig höher und näher an die Türe, um sie zu untersuchen.

Und dabei erkennen wir einen wertvollen Edelstein, der im Licht unserer Kerze funkelt, glänzt und schimmert.

Wir wissen, dass wir in dem Raum hinter der Türe willkommen sind, und so nehmen wir einen tiefen Atemzug, fassen den Türknauf an, drehen ihn und öffnen diese Türe.

Im Raum vor uns sehen wir einen Stuhl und auf diesem Stuhl sitzt eine Person, deren Weisheit und Führung wir suchen.

Die Person gibt uns ein Zeichen, einzutreten und näher zu kommen, und so betreten wir den Raum und schließen die Türe hinter uns.

Vor der Person sehen wir einen zweiten Stuhl, und wir wissen, dieser Stuhl ist für uns gedacht.

Wir treten näher, setzen uns auf den Stuhl und lassen die Präsenz dieser weisen Person auf uns wirken.

Dabei betrachten wir uns diese weise Person sehr genau.

Wie groß ist die Person und wie alt oder jung?

Können wir die Haare erkennen – sind sie kurz oder eher lang?

Und wie sieht das Gesicht aus?

Welche Kleidung trägt diese Person? Wir prägen uns alle Eindrücke gut ein.

(Kurze Pause)

Wir blicken uns nun in dem Raum weiter um und sehen auch einen Tisch. Wir betrachten die Gegenstände, die auf dem Tisch hier im Raum liegen.

In der Mitte des Tisches sehen wir ein Buch liegen. – Es ist unser Lebensbuch.

Wir betrachten uns dieses Buch. Wie sieht es aus? Ist es dünn oder dick?

Ist es alt oder neu?

Ist es groß oder klein?

Wie sieht der Umschlag aus?

Sind dort Zeichen zu erkennen, eine Inschrift, eine Gravur oder ein Muster?

(Kurzes Innehalten)

Wenn wir das Buch genügend betrachtet haben, dann bitten wir die Person, einen Blick in das Buch werfen zu dürfen.

Wir bitten darum, dass genau die Seite geöffnet wird, welche die Stelle unseres Lebens beschreibt, an der wir uns jetzt befinden.
Wenn das Buch geöffnet wird, dann blicken wir hinein.

Wir schauen uns die aufgeschlagenen Seiten aufmerksam an und prägen uns alles ein, was wir hier erkennen.
Vielleicht ist ein Spruch dort zu lesen, oder ein Text.

Vielleicht sehen wir aber auch ein Bild dort oder ein Symbol.

(Kurze Pause)

Was wir auch immer in dem Buch sehen, wir werden uns genau daran erinnern können.

Wir bedanken uns bei der weisen Person für den Blick auf unsere Gegenwart.

Nun haben wir noch die Gelegenheit, uns zu besinnen, um eine ganz konkrete Frage zu formulieren, auf die wir jetzt eine Antwort suchen.

(Kurze Pause)

Wir stellen nun die Frage, deren Antwort wir suchen – und wir warten auf die Antwort.

(Zeit lassen!!!)

Wenn die Antwort unklar zu sein scheint, bitten wir um weitere Informationen.

(Kurze Pause)

Wir wissen, wir dürfen alles erfragen, was uns wichtig ist und wir wissen auch, dass diese Person uns auf jede unserer Fragen die für uns richtige Antwort gibt.

Wenn wir die Antwort nicht sofort bekommen, dann wird sie in jedem Fall im Laufe der nächsten Tage ganz wie von selbst zu uns kommen.

Sie wird uns genau in dem Moment geschickt, der für uns dazu am besten geeignet ist.
Und wir werden die Antwort dann auch als solche erkennen.

(Kurze Pause)

Wir sind uns bewusst, dass diese Person ein Geschenk für uns hat, und wir dürfen ihr unsere Hand aufhalten, um dieses Geschenk zu empfangen.

Sollte das Geschenk verpackt sein, so dürfen wir die Verpackung jetzt entfernen und uns das Geschenk genau betrachten.

(Kurze Pause)

Die Person überreicht uns auch eine Tasche, die groß genug ist, um das Geschenk darin zu verstauen und wir legen das Geschenk vorsichtig in diese Tasche.

Nun wollen wir uns bei der Person bedanken, bevor wir den Weg zurück in unser Schlafzimmer antreten werden.

So bedanken wir uns – und dann nehmen wir die Lampe, die wir mitgebracht haben, in unsere Hand und ebenso auch die Tasche mit dem Geschenk.

Wir stehen aus unserem Stuhl auf – und machen uns bereit, zu gehen.

Und wir wissen, dass wir jederzeit wieder zu Besuch kommen können, wann immer wir das möchten.

Wir drehen uns um, gehen durch die Türe hinaus, schließen die Tür hinter uns und beginnen mit dem Abstieg.

Eine Stufe nach der anderen steigen wir die Wendeltreppe hinunter und sehen, wie die Stufen vom Flackern unserer Lampe beleuchtet werden.

Wir sind uns auch des besonderen Geschenkes in unserer Tasche bewusst.

Wenn wir wollen, dann können wir mit unserer Hand die Tasche und auch das Geschenk darin erfühlen – und wir wissen, dass es immer noch da ist und auch bleiben wird.

Und so steigen wir Stufe um Stufe wieder hinab, einen Treppenabsatz nach dem anderen – immer weiter hinunter.

Wir bemerken auch, dass der Abgang wieder enger wird und dass mit jedem Treppenabsatz die Wände wieder näher kommen, so dass wir sie schließlich auch wieder ohne Mühe mit unseren Händen erreichen können.

Nun stehen wir wieder vor der kleinen Tür, die zu unserem Schlafzimmer führt und durch die wir anfangs gekommen sind.

Wir öffnen diese Tür und ziehen unseren Kopf wieder ein wenig ein, während wir hindurchgehen.

Unser Schlafzimmer ist still und dunkel. Genau so, wie wir es verlassen haben.

Wir hängen die Lampe mit der Kerze wieder neben die Türe, und gehen zu unserem Bett.

Wir berühren unsere Tasche und stellen fest, dass das Geschenk immer noch da ist.

So steigen wir nun wieder in unser Bett und ziehen die Decke über uns.

Wir fallen in einen tiefen und angenehmen Schlaf...

(Längere Pause)

Nun sind wir uns des morgendlichen Sonnenlichts, das durch das Fenster scheint, bewusst, und strecken unsere Arme und Beine ein wenig.

Wir bereiten uns darauf vor, aufzuwachen.

Dann, wenn wir dazu bereit sind, kehren wir in die Gegenwart zurück und öffnen unsere Augen.

Dann, wenn wir es wünschen, öffnen wir die Augen.

Anmerkungen

Das „Höhere Selbst“ wird oft und gerne als „Alter Mann“ visualisiert. Jedoch zeigt die Erfahrung, dass diese weise Person durchaus auch als Frau, zum Beispiel als Priesterin, oder auch in völlig anderer Gestalt erscheinen kann, wenn man kein bestimmtes Bild für das Höhere Selbst vorgibt.

Es empfiehlt sich daher, den Text einer solchen Meditation bewusst „offen“ zu lassen, so dass die Teilnehmer ihr eigenes, ganz individuelles Bild von ihrem „Höheren Selbst“ erhalten können.

10 – Kontakt zum Geistigen Helfer

Anmerkungen

Geistige Helfer sind Wesen, die uns bei der Lichtarbeit helfen und unterstützen können, also bei Heilungen, geistigen Operationen, die oft auch als Geisteschirurgie bezeichnet werden, und auch bei unserer eigenen geistigen Ausbildung.

So können wir unseren Geistigen Helfern alle Fragen stellen, auf die wir eine Antwort suchen und werden von ihnen wichtige und vor allem auch hilfreiche Antworten bekommen, die uns dabei unterstützen, die Vorgänge beim energetisch-geistigen Arbeiten noch besser zu verstehen.

Geistige Helfer verfügen über ein hohes Maß an Methoden, um zum Beispiel geistige Heilarbeit zu verrichten, und so können wir alleine schon durch das Beobachten mit unseren inneren Augen sehr viel lernen.

Der Kontakt zu einem Geistigen Helfer sollte immer von Liebe und Vertrauen begleitet sein. Nur dann, wenn wir uns mit unserem ganz persönlichen Geistigen Helfer absolut wohl fühlen, wenn wir gleichsam „wissen“, dass dies für uns der beste Geistige Helfer ist, den wir haben können, nur dann sollten wir mit dem Kontakt einverstanden sein.

Sollten irgendwelche Wesen in Erscheinung treten, bei denen wir uns nicht vollkommen wohlfühlen, dann schicken wir diese liebevoll aber sehr bestimmt fort.

Nur den wirklich besten Geistigen Helfer sollten wir für uns akzeptieren.

Man spürt es sofort, wenn der (oder die) Richtige vor einem steht.

Im Laufe der Jahre kann es durchaus sein, dass unsere Geistigen Helfer auch manchmal ausgetauscht werden.
Es ist aber genauso gut möglich, dass uns unser erster Geistiger Helfer ein ganzes Leben lang begleitet.

Wir werden immer diejenigen Geistigen Helfer bekommen, mit denen die Zusammenarbeit für uns in unserer ganz persönlichen Lage am besten funktioniert.

Unsere Geistigen Helfer werden von der geistigen Welt so ausgewählt, dass sie für unser Aufnahmevermögen und unser individuelles Verständnis am Besten geeignet sind, damit wir möglichst gut auf unserem lichtvollen Weg begleitet und unterstützt werden können.

Text

Wir legen oder setzen uns bequem hin und schließen unsere Augen.
Ganz bewusst und ruhig atmen wir tief ein und aus.

Und wir spüren dabei, wie wir uns mit jedem Atemzug mehr und mehr entspannen.
So, wie wir es gewohnt sind, werden wir die Farben unserer Chakren – die Regenbogenfarben – durchschreiten von Rot nach Violett.

Ruhig und gleichmäßig atmen wir – und dabei entspannen wir uns mehr und mehr.
Wir sind nun bereit, die Farben des Regenbogens zu durchschreiten.

Vor unserem inneren Auge sehen wir nun die Farbe **Rot**.
Unsere Füße werden warm.

Und die Entspannung steigt langsam über die Knöchel hoch in unsere Waden – und weiter – bis in die Knie.

Wir sehen nun die Farbe **Orange**.
Wir sehen die Farbe Orange und unsere Oberschenkel entspannen sich.
Gleichzeitig fühlen wir Zufriedenheit in uns aufsteigen.

Wir sehen nun die Farbe **Gelb**. Ein helles, sonnenfarbenes Gelb.
Wir spüren, wie unsere Decke der Entspannung unser Becken erreicht und von dort über unsere Hüften heraufgezogen wird.
Unser ganzer Unterkörper ist nun entspannt und locker und wir spüren, wie sich Freude in uns ausbreitet.

Wir sehen nun die Farbe **Grün**.
Langsam und konstant lassen wir unsere Decke der Entspannung nun über den Bauchnabel hoch wandern – über unsere Finger und Unterarme – über unseren Brustkorb – bis hoch über unsere Schultern.
Die Wärme und Geborgenheit breitet sich nun in unserem Oberkörper immer weiter aus.
Wir sehen die Farbe Grün und fühlen Liebe und Zuwendung zum ganzen Universum.

Wir fühlen uns eins mit Allem, was ist.

Unser Oberkörper und unsere Arme sind nun völlig entspannt und die Liebe breitet sich in uns aus.

Unsere Gedanken erheben sich nun zum Himmel – und vor unserem inneren Auge entsteht die Farbe **Blau**.

Wir lassen die Entspannung weiter in uns aufsteigen – in den Hals und in den Kopf.

Wir fühlen uns nun rundum entspannt.

Wir sehen die Farbe Blau und auch unser Tagesbewusstsein entspannt sich.

Die Gedanken lassen los und wir genießen die innere Freiheit und Gelassenheit.

Wir fühlen, wie unser Körper leichter wird, und unser Bewusstsein wird klar und frei.

Ganz so, wie wir es uns wünschen.

Wir sind nun ganz eins mit uns selbst, locker und ruhig.

Langsam wird aus dem Blau nun ein tiefes **Violett**.

Und wir spüren, wie unsere Gedanken frei und grenzenlos zu unbegrenzter Phantasie und Kreativität befähigt sind.

Wir sehen die Farbe Violett und sind kreativ und schöpferisch.

Wir bewegen uns frei und grenzenlos mit all unserer Liebe auf dieser schöpferischen Ebene.

(Pause)

Vor unserem inneren Auge entsteht nun unser ganz persönlicher Ort für die Lichtarbeit.

Wir sind an unserem ganz persönlichen Ort für die Lichtarbeit.

Wir spüren die warme Sonne auf unserer Haut und wir sehen die Bäume und Pflanzen, das Wasser und die Blumen.

Es ist unsere Welt, die von uns erschaffen und erhalten wird.

Hier auf dieser Ebene am ganz persönlichen Ort für die Lichtarbeit wird uns nur Gutes begegnen.

Wir sehen unser Haus der Lichtarbeit und gehen darauf zu.

Wir öffnen die Türe und treten ein – in unser Haus der Lichtarbeit.

Wir stehen nun in unserem Haus der Lichtarbeit, in unserem Arbeitsraum für unsere geistige Heilarbeit – und wir sehen uns um.

Wir sehen all die vertrauten Dinge – unseren Schreibtisch, unseren Stuhl, das Regal.
Neben dem Regal – in der Wand – sehen wir eine Türe.

Wir treten näher und betrachten diese Türe. – Welche Form hat sie?
Aus welchem Material ist sie gemacht? – Ist sie schwer und robust oder leicht und dünn?

Wie sieht der Türgriff aus? – Wir prägen uns die Details und Einzelheiten unserer Türe genau ein.

Und wir wissen – hinter dieser Türe befindet sich unser Geistiger Helfer.

So stehen wir nun vor dieser Türe und machen uns bereit für den Kontakt zu unserem ganz persönlichen Geistigen Helfer.

Wir formulieren nun unsere ganz konkreten Wünsche an die geistige Welt.

Wir bitten die geistige Welt, dass sie uns – den oder die – Geistigen Helfer schickt, die für unsere ganz persönliche Situation, für unsere Entwicklung und unseren Charakter die bestmöglichen Geistigen Helfer für uns sind.

Wir bitten Dich, geistige Welt, schicke uns den für uns am besten geeigneten und höchstmöglichen Geistigen Helfer, der uns in unserer jetzigen Entwicklungsphase beim Helfen und Heilen am besten unterstützen kann.

Bitte schicke uns unseren ganz persönlichen, bestmöglichen Geistigen Helfer.

Und nachdem wir unseren Wunsch klar und deutlich formuliert haben, machen wir uns bereit, die Türe zu öffnen.

Du trittst näher an die Türe heran – bis Du den Türgriff mit der Hand leicht erreichen kannst.

Dann streckst Du deine Hand aus, nimmst den Türgriff in die Hand – und öffnest die Türe.

Die Türe ist offen und nun bittest Du, dass Dein ganz persönlicher und bestmöglicher Geistiger Helfer, der Dich bei der Lichtarbeit und bei der Heilarbeit für Dich und andere am allerbesten unterstützen kann – jetzt bitte durch diese offene Türe zu Dir kommen mag.

Du bittest darum, dass Dein ganz persönlicher Geistiger Helfer jetzt durch diese Türe zu Dir kommt.

(Kurze Pause)

Wenn Du Deinen ganz persönlichen Geistigen Helfer siehst, dann betrachte ihn Dir genau.

Wie sieht Dein Geistiger Helfer aus? – Wie groß ist er?

Welche Kleidung trägt er?

Welche Farbe haben seine Haare? – Kannst Du sein Gesicht erkennen?

Fällt Dir sonst noch etwas an Deinem Geistigen Helfer auf?

Solltest Du aus irgend einem Grund das Gefühl haben, dass dies nicht der genau richtige Geistige Helfer für Dich ist, dann hast Du jederzeit die Möglichkeit, diesen Helfer zurück zu schicken, und um einen neuen Helfer zu bitten.
Dies darfst Du so oft und so lange tun, bis Du das Gefühl hast, dass der für Dich genau richtige Geistige Helfer vor Dir steht.

Und so ist es!

(Kurze Pause)

Du begrüßt Deinen Geistigen Helfer und dann begibst Du Dich zusammen mit Deinem Geistigen Helfer nach draußen, vor das Haus.

Vor Deinem Haus an Deinem ganz persönlichen Ort für die Lichtarbeit siehst Du einen Platz in der Wiese, der ganz wunderbar geeignet ist, damit Du Dich mit Deinem Geistigen Helfer dort hinsetzen kannst.

Und so setzt Ihr beide Euch dort in die Wiese.

Du machst es Dir bequem, sitzt Deinem Geistigen Helfer direkt gegenüber und fängst nun an, deinem Geistigen Helfer Deine Fragen zu stellen.

Mein Geistiger Helfer – zunächst einmal möchte ich mich bei Dir bedanken, dass du zu mir gekommen bist, um mich bei meiner geistigen Arbeit, beim Helfen und Heilen zu unterstützen.

Und ich möchte Dir nun meine ersten Fragen stellen und bitte Dich um Antworten, die ich verstehen kann.

Mein Geistiger Helfer – wenn ich bei meiner geistigen Arbeit um Deine Hilfe und Unterstützung bitte – wirst Du dann kommen um mir zu helfen?

Wenn ich Deinen Rat brauche bei einer Heilbehandlung – darf ich dann darauf vertrauen, dass Du mich bestmöglich unterstützen wirst?

Wie wird unsere Zusammenarbeit aussehen? Wirst Du deine Arbeiten so durchführen, dass ich die Schritte auch beobachten kann, um daraus zu lernen?

Darf ich beobachten, mit welchen Methoden und Mitteln Du bei der Heilarbeit unterstützt?
Wird es so sein, dass wir beide zusammen arbeiten, oder wirst Du bei der Heilarbeit alleine tätig werden, so dass ich dort nur beobachte, was geschieht?

Darf ich, wenn ich nicht mehr weiter weiß, mit all meinen Fragen dann zu Dir kommen und wirst Du mich unterstützen, damit ich verstehe, was bei den Heilvorgängen passiert?

(Kurze Pause)

Darf ich Deinen Namen wissen – und falls ja – wie heißt Du?

Wirst Du wieder bei mir sein, wenn ich nach Dir frage oder Dich zu mir bitte?

(Kurze Pause)

Nachdem Du nun Deine ersten Fragen gestellt hast, darfst Du Dir nun ein wenig Zeit nehmen, um weitere Fragen zu stellen, die Dir jetzt spontan noch wichtig sind, oder auf die Du gerne jetzt eine Antwort hättest.

(Pause)

Du bedankst Dich nun bei Deinem Geistigen Helfer für diesen Kontakt und begleitest ihn zurück in das Haus bis zu der Türe, aus der er zu Dir gekommen ist.

Ihr betretet gemeinsam das Haus und begebt Euch vor die Türe.
Vor der Türe angekommen, verabschiedest Du dich von Deinem Geistigen Helfer – vielleicht möchte er Dir dabei noch ein Geschenk überreichen.

Du schaust Dich kurz um – und findest vielleicht auf Deinem Regal auch ein Geschenk, das Du Deinem Geistigen Helfer überreichen kannst.

Du verabschiedest Dich und wenn Dein Geistiger Helfer Deinen Arbeitsraum durch die Türe verlassen hat, dann schließt Du die Türe wieder.

Falls Du ein Geschenk erhalten hast, so nimmst Du dieses Geschenk nun und siehst es Dir genau an – falls nötig, dann pack es aus, um es sehen zu können.

Du suchst Dir einen guten Platz für das Geschenk – entweder irgendwo in dem Haus der Lichtarbeit – auf dem Schreibtisch oder im Regal, oder trägst es in einer Deiner Taschen bei Dir.

Und so machen wir uns nun auf den Weg zurück in die physische Welt.

Wir sehen uns noch mal kurz in unserem Arbeitsraum um und verlassen dann unser Haus.

Draußen – vor dem Haus – entschließen wir uns, unseren ganz persönlichen Ort für die Lichtarbeit wieder zu verlassen – um zurückzukehren in die physische Welt – und vor unserem inneren Auge entsteht wieder das violette Licht.

Aus dem Violett wird ein Blau und wir spüren, wie sich unser Bewusstsein wieder konzentriert.

Aus dem Blau wird nun ein Grün.
Wir spüren, wie unser Tagesbewusstsein wieder kommt.

Wir sehen die Farbe Gelb und wir spüren die Erdenschwere.
Wir spüren wieder unseren Körper, wie er auf die Unterlage drückt.

Nun entsteht die Farbe Orange und wir benutzen ganz bewusst wieder den Atem.
Wir atmen kräftig durch.

Und nun sehen wir die Farbe Rot und alle fünf Sinne sind wieder aktiviert.

Wir sind wieder im hier und jetzt – und wir fühlen uns frisch und ausgeruht.

Wir bewegen unsere Finger und Zehen, recken und strecken uns ein wenig – und dann, wenn wir es wünschen, öffnen wir die Augen.

Dann, wenn wir es wünschen, öffnen wir die Augen.

Anmerkungen

Manchmal kann es vorkommen, dass sich hinter der Türe kein Geistiger Helfer zeigt.

Ursachen hierfür können zum Beispiel Ängste des Meditierenden sein, noch nicht dafür bereit zu sein.

Es ist grundsätzlich möglich, diese Kontakt-Meditation dann auch zu einem späteren Zeitpunkt zu wiederholen.

Auch das Erscheinungsbild der Geistigen Helfer kann sehr unterschiedlich sein.

Wir finden Wesen mit engelhafter Erscheinung, mit oder ohne Flügel, Wesen, die von einem hellen Licht umgeben sind oder auch eine Kapuze tragen. Manchmal ist das Gesicht zu erkennen, manchmal auch nicht.

Manche Eindrücke sind sehr konkret, andere sind eher unklar.

Manche Geistigen Helfer lassen uns ihren Namen wissen, andere nennen uns den Namen nicht oder erst später.

Die Eindrücke vom ganz persönlichen Geistigen Helfer können also sehr unterschiedlich sein.

Allen gemeinsam sollte jedoch sein, dass sich der Kontakt gut anfühlt und dass die Geistigen Helfer auch einen ganz deutlichen „Wiedererkennungswert“ haben, dass also die Menschen, die mit den Geistigen Helfern zusammen arbeiten, genau erkennen, dass ihr ganz persönlicher Geistiger Helfer wieder da ist, wenn sie erneut um einen Kontakt bitten.

11 – Kontakt zum Höheren Selbst – Teil 2

Anmerkungen

In dieser Meditation findet ein weiterer Besuch beim Höheren Selbst statt. Er soll dazu dienen, einen Eindruck vom aktuellen Stand der persönlichen Entwicklung zu erhalten und möglicherweise auch dazu, einen Einblick in die Zukunft zu bekommen.

Zwischen dem ersten Kontakt zum Höheren Selbst und dieser Meditation sollte eine gewisse Zeitspanne vergangen sein, in der die Teilnehmer ihren Lebensweg ein wenig weiter gegangen sind.

Dann nämlich kann es sehr gut sein, dass wir bei diesem zweiten Kontakt neue Informationen bekommen, die auch die Fortschritte der Entwicklung der Teilnehmer mit einschließt.

Text

Wir legen oder setzen uns bequem hin und schließen unsere Augen.

Ganz bewusst und ruhig atmen wir tief ein und aus.

Und wir spüren dabei, wie wir uns mit jedem Atemzug mehr und mehr entspannen.

So, wie wir es gewohnt sind, durchschreiten wir die Farben unserer Chakren – die Regenbogenfarben von Rot nach Violett.

Ruhig und gleichmäßig atmen wir – und dabei entspannen wir uns mehr und mehr.

Vor unserem inneren Auge sehen wir die Farbe **Rot**.

Wir sehen nun die Farbe **Orange**.

Aus dem Orange wird nun die Farbe **Gelb**. Ein helles, sonnenfarbenes Gelb.

Wir sehen nun die Farbe **Grün**.

Wir fühlen uns eins mit Allem, was ist und Liebe breitet sich in uns aus.

Unsere Gedanken erheben sich nun zum Himmel – und vor unserem inneren Auge entsteht die Farbe **Blau**.
Wir sehen die Farbe Blau und auch unser Tagesbewusstsein entspannt sich.

Wir fühlen, wie unser Körper leichter wird, und unser Bewusstsein wird klar und frei.

Langsam wird aus dem Blau nun ein tiefes **Violett**.

Wir sehen die Farbe Violett und sind kreativ und schöpferisch.
Wir bewegen uns frei und grenzenlos mit all unserer Liebe auf dieser schöpferischen Ebene.

(Pause)

Wir fühlen uns jetzt zufrieden, ruhig und entspannt.

Nun spüren wir, wie wir allmählich mitten in der Nacht in unserem eigenen Schlafzimmer zu Hause aufwachen.

Wir sehen uns im Schlafzimmer um.

Wir sehen wieder die kleine Tür am Ende des Raumes. Und wir wollen uns nun ein weiteres Mal auf den Weg machen zu der weisen Person, die hinter dieser Türe am oberen Ende der Treppenstufen für uns da ist.

Wir machen uns auf den Weg, diese weise Person zu besuchen.
So stehen wir auf und gehen zu dieser Tür. Während wir zur Tür gehen, spüren wir den Fußboden unter unseren nackten Füßen.

Direkt neben der Tür hängt wieder unsere Lampe mit der brennenden Kerze darin.
Wir nehmen die Lampe von der Halterung und das Licht der Kerze erhellt den Raum für uns.

Wir stehen nun vor der Tür, drehen den Türknauf und öffnen die Türe.

Mit unserer Lampe können wir hinter der Türe wieder die Stufen der Wendeltreppe erkennen, die nach oben führt. Und so ziehen wir den Kopf ein wenig ein und treten durch die kleine Türe ein.
Wir machen einen langsamen Atemzug um festzustellen, wie es in diesem Treppengang riecht.
Dann schreiten wir die Stufen Schritt für Schritt nach oben.
Wir fühlen neben uns die engen Wände und wir spüren den Boden unter unseren nackten Füßen.

Wir achten auf unsere Eindrücke und auf unsere Gefühle, während wir langsam aber sicher, Stufe für Stufe die Wendeltreppe emporsteigen.

Und so kommen wir wieder an den ersten Treppenabsatz, halten dort inne und ruhen uns ein wenig aus.

Wir achten wieder auf die Beschaffenheit des Bodens und wie er sich unter unseren Füßen anfühlt.

Dann machen wir uns bereit, die Wendeltreppe weiter emporzusteigen.

Wir betreten die nächste Stufe und bemerken wieder, dass die Wände hier ein wenig weiter sind.

Wir steigen Stufe für Stufe hinauf und wieder achten wir auf unsere Gedanken und Gefühle, während wir die gebogene Wendeltreppe hochsteigen – Schritt für Schritt – Stufe für Stufe.

(Kurze Pause)

Und so kommen wir wieder an den zweiten Treppenabsatz. Wir halten an, machen eine zweite, kurze Pause und achten auf alles, was wir hier wahrnehmen.

Wir wissen, dass wir in Sicherheit sind und wir wissen auch, dass uns dieser Weg wieder an den Ort mit der weisen Person führen wird, die wir erneut besuchen möchten.

Und so fällt unser Blick auf die weiteren Stufen nach oben.

Wir betreten die nächste Stufe und erkennen, dass die Wände wiederum ein wenig weiter geworden sind.

Wir können die Wände mit unseren Händen kaum noch berühren.

Stufe um Stufe fühlen wir uns freier und auch geborgen.

Und schließlich – nach der letzten Stufe kommen wir am obersten Treppenabsatz an.

Und wir sehen wieder die große Türe vor uns und den Lichtschein, der unter dieser großen Türe hervorschimmert.

Wir heben unsere Lampe ein wenig höher und sehen den Türknauf.

Wir beschließen, den Raum zu betreten, nehmen einen tiefen Atemzug, fassen den Türknauf an, drehen ihn und öffnen die Türe.

Vor uns sehen wir die weise Person wieder, deren Führung wir suchen.

Die Person gibt uns ein Zeichen, näher zu kommen, und wir setzen uns wieder auf den Stuhl zu dieser Person, wie wir es schon einmal getan haben.

Wieder lassen wir die Präsenz dieser weisen Person auf uns einwirken.

(Kurze Pause)

Wir blicken uns nun wieder in dem Raum um und sehen auch wieder den Tisch mit dem Buch darauf.

Wir betrachten das Buch und erkennen es wieder als unser Lebensbuch.

Dann bitten wir die Person, wieder einen Blick in das Buch werfen zu dürfen.

Wir bitten darum, dass genau die Seite geöffnet wird, welche die Stelle unseres Lebens beschreibt, an der wir uns jetzt befinden.

Wenn das Buch geöffnet wird, dann blicken wir hinein.

Wir schauen uns die aufgeschlagenen Seiten aufmerksam an und prägen uns alles ein, was wir hier erkennen.

Was wir auch immer in dem Buch sehen, wir werden uns genau daran erinnern können.

Wir bedanken uns bei der weisen Person für den Blick auf unsere Gegenwart und bitten nun noch, auch einen Blick auf die Seiten zu erhalten, auf denen ein möglichst hilfreicher Hinweis für unsere Zukunft zu sehen ist.

Vielleicht dürfen wir einen solchen Hinweis erhalten und anschauen.

Falls die Person in dem Buch weiterblättert, und uns eine Seite für unsere zukünftige Entwicklung zeigt, betrachten wir uns auch diese Seiten aufmerksam.

Sollten wir dabei irgendwelche Unklarheiten feststellen oder Fragen in uns aufkommen, dann stellen wir diese Fragen und bitten um eine möglichst hilfreiche Antwort.

(Pause)

Nachdem wir uns die Seiten im Buch betrachtet und den Inhalt eingeprägt haben, stehen wir auf und bedanken uns.

Nun haben wir noch die Gelegenheit, uns zu besinnen, um eine ganz konkrete Frage zu formulieren, auf die wir jetzt eine Antwort suchen.

(Kurze Pause)

Wir stellen nun die Frage, deren Antwort wir suchen – und wir warten auf die Antwort.

(Zeit lassen!!!)

Wenn die Antwort unklar zu sein scheint, bitten wir um weitere Informationen.

(Kurze Pause)

Wir wissen, wir dürfen alles erfragen, was uns wichtig ist und wir wissen auch, dass diese Person uns auf jede unserer Fragen die für uns richtige Antwort gibt.
Wenn wir die Antwort nicht sofort bekommen, dann wird sie in jedem Fall im Laufe der nächsten Tage ganz wie von selbst zu uns kommen.

Sie wird uns genau in dem Moment geschickt, der für uns dazu am besten geeignet ist.

Und wir werden die Antwort dann auch als solche erkennen.

Wir bemerken, dass es Zeit ist, diesen Ort zu verlassen, und wir wissen, dass wir jederzeit wieder zu Besuch kommen können, um uns Führung, Rat und Hilfe einzuholen.

Wir bedanken uns und machen uns wieder auf den Rückweg.

Wir drehen uns um, schließen die Türe hinter uns und beginnen mit dem Abstieg. Eine Stufe nach der anderen steigen wir vorsichtig hinunter.

Immer weiter steigen wir die Treppen hinunter, bis wir wieder vor der kleinen Tür stehen, durch die wir anfangs gekommen sind.

Wir öffnen die Türe und denken auch daran, unseren Kopf wieder einzuziehen, während wir hindurchgehen.

Wir hängen die Lampe mit der Kerze wieder neben die Türe, und gehen zu unserem Bett.

Und nun steigen wir wieder ins Bett und ziehen die Decke über uns.
Dann schließen wir die Augen und atmen kräftig durch.

Wir wissen, dass wir bereit sind, in die physische Welt zurückzukehren und vor unserem inneren Auge entstehen wieder die Regenbogenfarben.

Violett – Unsere Gedanken sammeln sich.

Blau – Unser Bewusstsein konzentriert sich.

Grün – unser Tagesbewusstsein kehrt zurück und nimmt seinen Platz wieder ein.

Gelb – Wir spüren wieder die Erdenschwere.

Orange – Wir übernehmen wieder unseren Körper und bewegen langsam und vorsichtig die Fingerspitzen, dann die Hände.

Rot – wir sind völlig entspannt, erfrischt und munter. Und dann, wenn wir es wünschen, öffnen wir die Augen.

Dann, wenn wir es wünschen, öffnen wir die Augen.

12 – Chakra – Meditation

Anmerkungen

Diese Meditation dient dazu, die sieben Haupt-Chakren des menschlichen Körpers zu erfühlen und deren Bedeutungen und wichtigsten Aufgaben kennen zu lernen.

Durch diese Einfühlungs-Übung werden die Chakren auch stimuliert, was deren Weiterentwicklung durchaus fördern kann.
So ist es möglich, die spirituelle Entwicklung damit zu unterstützen, um Fähigkeiten wie zum Beispiel Empathie oder Intuition sehr effektiv zu fördern.

Text

Wir schließen die Augen und achten auf unseren Atem.

Ruhig und gleichmäßig atmen wir und lassen die Luft durch unsere Nase in unsere Lungen einfließen – und wir spüren, wie die Luft an unseren Nasen-Innenwänden entlang streicht.

Dabei hebt und senkt sich unser Brustkorb und unser Bauch.
Wir atmen ein und aus – und mit jedem Atemzug, den wir nehmen und in der Nase spüren, entspannen wir uns mehr und mehr.

Wir entspannen uns mehr und mehr und fühlen unser Herz schlagen – wir fühlen, wie das Blut durch unseren ganzen Körper gepumpt wird.

Ein angenehmes Gefühl breitet sich in unserem ganzen Körper aus, beginnend im Herzen fließt es in den ganzen Körper – nach oben in den Kopf, in die Schultern und in die Arme – und nach unten in den Bauch, in die Beine und in die Füße.

Unser ganzer Körper entspannt sich mehr und mehr.

Allen Stress, alle Anspannungen des heutigen Tages dürfen wir jetzt loslassen.
Wir lassen alles los und geben uns völlig der Ruhe und der Entspannung hin.

Wir genießen diesen ruhigen, friedlichen Zustand.

(Kurze Pause)

Unser ganzer Körper ist nun völlig entspannt und wir fühlen den Pulsschlag in unserem ganzen Körper.

Wir gehen nun mit unserem Bewusstsein an die Stelle unseres Beckenbodens, direkt zwischen unseren Beinen, dort, wo unsere Wirbelsäule endet.
Hier, am Ende unserer Wirbelsäule befindet sich unser erstes Chakra, das in einem roten Licht erstrahlt.

Wir fühlen an diese Stelle hin mit unseren inneren Sinnesorganen und vielleicht fühlen wir unser **Wurzel-Chakra** dort am Ende der Wirbelsäule, am Beckenboden zwischen unseren Beinen, wie es vibriert oder pulsiert.

Ein ganz feines, kaum wahrnehmbares Kribbeln oder Pulsieren. Wir fühlen hin und versuchen, unser Wurzel-Chakra zu erfühlen.

(Kurze Pause)

Wir visualisieren nun das Licht des Wurzel-Chakras – ein warmes **rotes Licht**. Dieses Licht lassen wir in unseren ganzen Körper fließen.

Unser ganzer Körper erstrahlt nun in diesem warmen roten Licht.

Wir fühlen in diesem roten Licht unsere Lebensenergie. Direkt aus der Erde selbst wird unser Wurzel-Chakra mit Energie versorgt und unser Chakra wandelt diese Energie in unserem Körper um in Lebenskraft und Tatendrang.

Wir fühlen, wie uns dieses rote Licht Kraft verleiht – die Kraft, die wir benötigen, um unsere Pläne anzupacken.
Kraft und Energie, um unser Leben in die Hände zu nehmen und aktiv für unsere Ziele zu arbeiten.

Wir fühlen, wie wir durch dieses rote Licht Energie tanken können.

Es ist eine unerschöpfliche Quelle von Kraft und Energie, dieses rote Licht, das aus der Erde versorgt wird und in uns entsteht und erstrahlt – und wir sind völlig davon erfüllt.

Wir spüren, wie auch der Mut in uns wächst – der Mut, uns allen unseren Problemen zu stellen.
Wie ein Löwe können wir kämpfen in diesem roten Licht.

Wir haben die Kraft, das Durchhaltevermögen und die Energie alle Konflikte mit Mut und Entschlossenheit auszutragen.

Dabei wissen wir auch, dass wir diese Kraft nur dazu benutzen wollen, um für uns und andere zu kämpfen – doch ohne andere damit zu verletzen.

Wir können diese Kraft nutzen, um uns selbst zu behaupten und unsere Wünsche und Vorstellungen freimütig zu vertreten.

Nun wird das Rot langsam heller – es geht über in ein Orange.

Und so wandern wir mit unserem Bewusstsein ein kleines Stück in unserem Körper nach oben bis kurz unterhalb unseres Bauchnabels.

Hier fühlen wir in uns hinein und versuchen, das feine Vibrieren oder pulsieren unseres zweiten Chakras, des **Sakral-Chakras** zu finden und zu spüren.

Dieses zweite Chakra, knapp unterhalb des Bauchnabels erstrahlt in orangem Licht.

Wir visualisieren nun mit unserem inneren Auge dieses helle **orange Licht**, und lassen es nun in unseren ganzen Körper fließen.

Wir sind nun vollkommen von orangem Licht erfüllt, und wir spüren, wie Freude in uns aufsteigt.
Das orange Licht erfüllt uns mit Freude, mit purer Lebensfreude.

Wir wissen, dass wir das Leben genießen dürfen, dass wir uns entfalten dürfen, kreativ werden dürfen – und dass uns das Universum bei allem unterstützt, was uns Freude bereitet.

Wir fühlen in diesem orangen Licht auch, wie unsere Sinnlichkeit angeregt wird.

Langsam aber sicher spüren wir unseren Körper und jede Faser unserer Kleidung, die unseren Körper berührt.

Wir wissen, dass wir in dem orangen Licht auch die feinsten Berührungen über unsere Haut aufnehmen können.

Und wir haben auch das Recht, diese Berührungen zu genießen.

Dieses orange Licht hilft uns, den eigenen Standpunkt im Leben zu finden.

Die Freude und Energie, die aus dem orangen Licht kommt, stärkt unser Bewusstsein, die Dinge zu erkennen, die uns mit Freude erfüllen, die uns Spaß machen, die wir wirklich wollen – und aus denen heraus wir unseren Standpunkt definieren können.

Und wir haben auch die Energie, unseren eigenen Standpunkt zu vertreten.

Wir bleiben offen und aufgeschlossen für die Standpunkte unserer Mitmenschen und sind gleichzeitig sicher und selbstbewusst, wenn es um unseren eigenen Standpunkt geht.

Dadurch gelingt es uns immer besser, unsere eigenen Ziele und Wünsche im Leben zu verwirklichen – und die Freude an unserem Leben wird weiter wachsen.

Wir können und dürfen jeden neuen Tag und jeden Augenblick in unserem Leben genießen.

Gleichzeitig tragen wir in diesem orangen Licht auch die Erfahrungen unserer Vergangenheit, auch unserer früheren Leben, in uns und mit uns mit.

Hier, knapp unterhalb des Bauchnabels, spüren wir auch, wenn uns etwas Angst bereitet. Wir spüren dann mehr oder weniger bewusst, wie sich unser Bauch verspannt oder sogar verkrampft – und wir wissen, dass dies ein Zeichen für unsere inneren Ängste ist.

Wir wissen auch, dass diese Ängste durch Erfahrungen der Vergangenheit, aus diesem oder einem früheren Leben, entstanden sind und wir dürfen heute und auch künftig für uns selbst entscheiden, wie wir diese Signale der Angst für uns annehmen und umsetzen wollen.

So wird es sicher gut für uns sein, wenn wir die Ängste in uns erkennen und dadurch auch kennen lernen. Und wenn wir dann lernen, diese Ängste zu verstehen und durch Erkennen und Erfahrung zu überwinden.

Wir dürfen die Ängste der Vergangenheit loslassen und umwandeln in Vertrauen – in dem Maße, wie wir es uns selbst erlauben.

Auch die Verstorbenen können mit uns über dieses zweite Chakra sehr leicht in Verbindung treten.

Und so werden wir uns dessen bewusst und entscheiden für uns selbst, ob und wie wir die Hilfe der Verstorbenen auch weiterhin in unserem Leben wirken lassen möchten.

Oder ob wir uns hier und heute für die Unterstützung der Verstorbenen bedanken und liebevoll darauf bestehen, dass die alten Verbindungen, die hier in unserem Chakra möglicherweise noch bestehen, jetzt gelöst werden sollen.

Wir dürfen uns hier und jetzt dazu entscheiden, alle alten Verbindungen zu den Verstorbenen unserer Vergangenheit, aus diesem und aus früheren Leben, jetzt in Liebe aufzulösen.

Und so werden wir künftig, wenn wir das möchten, alle Entscheidungen, die uns und unserer Leben betreffen, im Vertrauen auf unsere eigenen Fähigkeiten und im Vertrauen auf die liebevolle Führung durch die Schöpfung selbst, eigenverantwortlich und voller Freude und Zuversicht selbst treffen.

Und so entscheiden wir uns jetzt, ob wir diese alten Verbindungen behalten oder lösen möchten. Wir haben nun die Gelegenheit, dies zu tun.

(Kurze Pause)

Und so soll es sein. Im orangen Licht entscheiden wir ab heute mehr und mehr voller Zuversicht und Freude über unser Leben.

Das orange Licht wird nun heller – und aus dem Orange wird nun ein Gelb.

Und so wandern wir mit unserem Bewusstsein wieder ein Stück höher in unserem Körper, bis über unseren Bauchnabel, zum Zentrum unseres Bauches, etwa dort, wo wir unseren Magen wissen.

Dort, im Zentrum unseres Bauches spüren wir nach dem vibrieren oder pulsieren unseres dritten Chakras, unseres **Magen-Chakras**.

Unser Magen-Chakra erstrahlt in hellem, gelben Licht und wir visualisieren dieses gelbe Licht..

Wir sind nun vollkommen in **gelbes Licht** gehüllt.

Dieses gelbe Licht – unsere innere Sonne – erleuchtet uns von innen heraus.

Diese innere Erleuchtung wird zu unserer inneren Stimme.

Wenn wir es lernen, unserer eigenen inneren Stimme zuzuhören, dann wächst daraus die Erfahrung, dass wir uns auch auf diese innere Stimme verlassen können.

Es wächst das Vertrauen in uns selbst – in unser Urteilsvermögen – in unsere innere Weisheit – in unsere Intuition.

Gefühlsmäßig können wir immer mehr in unserem Leben richtig entscheiden und anpacken – wenn wir lernen, auf unsere innere Stimme, unsere Intuition zu hören und auch zu vertrauen.

Das gelbe Licht – unsere innere Sonne – hilft uns bei diesem Prozess – und wir spüren, wie warm und angenehm sich dieses Licht in uns anfühlt.

Im gelben Licht können wir alle Eindrücke des Lebens gut und sicher verarbeiten. Wir erkennen auch größere Zusammenhänge und üben uns darin, alle Situationen des Lebens zu erkennen, zu bewerten und auch zu verdauen.

Mit der Weisheit des inneren Lichtes fühlen wir uns geborgen, zart und stark zugleich.

Wir wissen, dass wir eine unsterbliche Seele in uns tragen, die für uns über allen Dingen steht und in Weisheit und Vollkommenheit uns selbst erschafft.

Diese Seele wirkt direkt durch unser inneres Licht.

Wir erkennen unsere Seele in unserer Intuition, in unserem inneren Wissen – wenn wir weise genug sind, diese zarte Stimme zu erkennen, zu hören und auch diese feinen Worte für uns in Taten umzusetzen.

Dann haben wir den Nutzen, dass Vieles für uns einfacher und leichter wird. Wir erkennen in diesem gelben Licht, die größeren geistigen Zusammenhänge und tragen dieses innere Wissen über unsere Taten in die Welt hinaus – wenn wir uns selbst vertrauen.

Und das gilt es zu üben und zu lernen – uns selbst zu erkennen und auch zu vertrauen.

Langsam wird aus dem Gelben Licht ein **grünes Licht** – und wir spüren, wie dieses grüne Licht direkt aus unserer Herzgegend, aus unserem Gefühlszentrum kommt.

Dort, in der Mitte unserer Brust, direkt neben dem Herzen können wir unser **Herz-Chakra** erspüren. Wir fühlen mit unserem ganzen Bewusstsein dort hin.

Vielleicht fühlen wir ein feines, noch schnelleres Vibrieren. Genau an dem Ort, an dem wir auch die größte Freude und auch die Liebe fühlen.

Im Zentrum unseres Brustkorbes, direkt im Herz-Chakra, das in grünem oder auch in zartem rosa Licht erstrahlt, fühlen wir am stärksten und am intensivsten.

Hier ist unser Emotionalkörper verankert, unser energetischer Gefühlskörper.

Und dieser Gefühlskörper ist unser direkter Zugang zu unserer inneren Gefühlswelt. Diese Gefühle, die wir in uns selbst spüren sind unsere Signale und Wegweiser.

Wir sind allzeit gut beraten, auf diese Signale zu hören und unsere Aktivitäten im Sinne dieser Signale umzusetzen.

Hier gilt es, voller Mut für uns selbst einzutreten. Hier gilt es manchmal auch, der Welt zu trotzen. Gleichzeitig ist es dabei auch der Ort, der uns am intensivsten mit der Liebe selbst verbindet.

Die Liebe als Grundbaustein der Welt spricht hier zu uns und lehrt uns, die Welt zu verstehen.

In dem Maß, wie wir die Liebe erkennen, erkennen wir uns selbst.

Wir sind nun vollkommen in dieses grüne Licht getaucht, das uns ausfüllt und direkt aus unserem Gefühlszentrum kommt.

Wir spüren in diesem grünen Licht unsere Hingabe an das Leben und an unsere Mitmenschen.

Wir fühlen in diesem grünen Licht die Kraft und Energie, Verständnis für unsere Mitmenschen, und ebenso für alle Geschehnisse in unserem Leben aufzubringen.

Verständnis, das aus unserem Standpunkt entspringt, von unserer Liebe bekräftigt und von unseren Erfahrungen bestätigt wird.

Durch dieses Verständnis fällt es uns leichter, Konflikte zu erfassen – und auch aufzulösen.

Unser Verständnis macht uns sensibel für die Abläufe des Lebens, für schwierige Situationen und Herausforderungen.

Unser Verständnis hilft uns, alles besser zu verstehen und gerechtere Entscheidungen zu treffen.

In Liebe sind wir bereit, das Verstandene zu akzeptieren.

Hieraus wächst auch die Fähigkeit unser Mitgefühl für unsere Mitmenschen weiter zu entwickeln und zu stärken.

Ein Mitgefühl, das frei von Mitleid ist.

Denn wir dürfen mit unserer eigenen inneren Stärke den anderen Hoffnung und Zuversicht schenken.

So helfen wir in Liebe, das Leid der anderen zu lindern, ohne selbst mitleiden zu müssen.
Und das erfüllt uns mit Zufriedenheit.

Aus dem grünen Licht wird nun langsam ein **blaues Licht**.

Und wir wandern mit unserem ganzen Bewusstsein weiter, direkt in unseren Hals.

Dort in unserem Hals, wo unsere Schilddrüse wie ein zarter Schmetterling sitzt, dort finden wir auch unser blaues **Kehlkopf-Chakra**.

Wir fühlen in unseren Hals nach dem Vibrieren oder Pulsieren dieses blauen Chakras.

(Kurze Pause)

Und wir spüren die Kraft in diesem blauen Licht, das Erfahrene anzunehmen.

Wir haben in diesem blauen Licht die Kraft, das Verstandene, und damit auch unseren Standpunkt, gegenüber unseren Mitmenschen mit unsere Stimme zu vertreten.

Wir dürfen unsere Meinung jederzeit frei äußern.

In der kraftvollen Energie dieses blauen Lichtes dürfen wir unsere Erfahrungen, unsere eigenen Meinungen und unseren Standpunkt aussprechen.

Wir tun dies mit Respekt und in Liebe aber dennoch selbstbewusst und sicher.
Nur wir selbst sind unser Richter.

Und so sorgen wir für unsere eigene innere Richtigkeit und Gerechtigkeit, indem wir unseren Willen, unsere Gefühle und unsere Überzeugung mit der Sanftheit und der Kraft dieses Kehlkopf-Chakras vertreten und ausdrücken.

Gleichzeitig erwächst in diesem blauen Licht unsere eigene Kreativität.
Wir lernen, das Erlernte umzusetzen und durch unsere eigenen Ideen zu erweitern.

Dadurch schaffen wir das Neue – das noch nicht Da Gewesene – und so schaffen wir es in unserer eigenen Kreativität über uns selbst hinauszuwachsen.
Wir erkennen in diesem blauen Licht, dass wir mehr sind, als die Summe unserer reinen Bestandteile.

Wir erfahren in diesem blauen Licht, dass wir den göttlichen Funken, das göttliche Geschenk des Lebens in uns tragen, und dass wir auch die Freude am Erschaffen, die göttliche Freude am Schöpfen in uns tragen.

Der göttliche Funken, der die gesamte Welt erschaffen hat, beginnt, sich in diesem blauen Licht in uns offen zu zeigen.

Und wir wissen, dass das göttliche Bewusstsein, das in allen Dingen steckt, sich daran erfreut, wenn wir selbst aktiv an der Schöpfung teilnehmen, wenn wir uns an der Schöpfung erfreuen und selbst zum Schöpfer werden.

So dürfen wir unser Leben kreativ gestalten und uns der Kunst und der Phantasie hingeben – und wir dürfen den göttlichen Funken in uns auch den anderen Menschen zeigen.

Wir erkennen in diesem blauen Licht auch die Ursachen für unsere innere Wut, für Ärger und Zorn – und wir erkennen, dass Wut, Ärger und Zorn nur uns selbst schadet.

Wir erhalten in diesem blauen Licht die Weißheit und die Klarheit, diese negativen Gefühle mehr und mehr loszulassen.
Wir erkennen, dass in diesem blauen Licht nur die positiven und angenehmen Gefühle wirklich Bestand haben.
Ärger, Wut und Hass wandeln sich um – in Verständnis, in Beruhigung, in Ausgeglichenheit, Gelassenheit und Ruhe.

Und im Bewusstsein, dass wir mit der Schöpfung Eins sind, und dass wir alle durch die Schöpfung lernen wollen – wandeln sich – durch diese gemeinsame Verbindung – alle negativen Gefühle in uns um – in die Liebe.

In die Liebe zur Schöpfung – und in die Liebe zu all dem, was ist.

Und so visualisieren wir, wie aus dem blauen Licht langsam ein **violettes Licht** wird.

Und wir wandern mit unserem Bewusstsein vom Hals aus höher über unseren Mund, über die Nase bis zur Wurzel unserer Nase, die genau zwischen unseren Augen sitzt.

Und dort, an der Nasenwurzel, zwischen unseren Augen oder ein wenig höher spüren wir nun hin, um unser **Stirn-Chakra** zu erfühlen.

Vielleicht nehmen wir dort ein leichtes Kribbeln wahr, oder auch ein Vibrieren und Pulsieren.

Dort, über der Nasenwurzel erfühlen wir unser Stirn-Chakra, das in einem violetten oder tief dunkelblauen Licht erstrahlt.

Und wir lassen dieses dunkel-violette Licht in unseren ganzen Körper fließen.
Unser ganzer Körper ist nun in dieses violette Licht getaucht.

In diesem violetten Licht wird unser Verstand ganz klar.
Wir begreifen in diesem violetten Licht auch komplexe Zusammenhänge des Lebens.

Wir erkennen die göttliche Fügung im Leben und erhalten dadurch die Möglichkeit, auch schwierige Lebenssituationen leichter anzunehmen.

Im violetten Licht entsteht das Verständnis, für die Schöpfung, für den Sinn und die Zusammenhänge allen Seins.
Im violetten Licht erkennen wir das Göttliche – in uns selbst und in der Schöpfung.

Und dieses göttliche Bewusstsein, das wir in uns tragen, und das uns erschafft und erhält, kann auch unsere Gedanken reinigen, läutern und auf die Wege lenken, die für uns und unser Sein den bestmöglichen Sinn machen.

In diesem violetten Licht erkennen wir, dass alles, was wir tun und was wir erleben einen Sinn enthält. Wenn wir diesen Sinn erkennen, dann können wir die Schöpfung mehr und mehr verstehen und als sinnvoll und richtig annehmen.

Alles, was geschieht, ist im Sinne der Schöpfung. Alles, was wir tun ist richtig und in Ordnung. Selbst wenn wir aus unserer Fehlbarkeit heraus die Dinge scheinbar falsch anpacken oder scheinbar Fehler machen, so fügt sich doch im großen Ganzen auch unser Handeln zu einem sinnvollen Ganzen zusammen.

Und so lernen wir, darauf zu vertrauen, dass alles – selbst das, was uns falsch oder fehlerhaft erscheint – einem größeren Sinn dient, der ganz im Sinne der göttlichen Fügung entsteht und wirkt.

Wir lernen, wir erfahren und wir wissen schließlich, dass jede Entscheidung damit richtig ist. Wir können nur richtig handeln, weil alles im Sinne Gottes, des Schöpfers, geschieht.

Und je mehr wir uns auf das violette Licht einstimmen, um so mehr erkennen wir diese Wahrheit.

So lernen wir, auch unser Schicksal anzunehmen. Wir lernen, die positiven, die sinnvollen Aspekte auch der größten Not und Widrigkeiten zu erkennen. Und damit lernen wir, Schicksal anzunehmen, zu verstehen und als sinnvoll zu bewerten.

Damit wird alles gut und wir gehen voller Vertrauen unseren Weg zu Gott.

Wir wissen, dass wir in der Schöpfung stets geborgen sind.

Im violetten Licht erkennen wir unsere Verbindung zur Schöpfung.

In diesem violetten Licht vereint sich unsere Intuition – das Bauchgefühl aus dem gelben Licht – mit unserer Liebe – das Mitgefühl aus dem grünen Licht – und mit unserem Verstand – aus dem violetten Licht in unserem Kopf.

Und so bilden Bauch – Herz und Kopf eine perfekte Einheit, die es von nun an jeden Tag immer leichter schaffen, gemeinsam die besten Entscheidungen für unser Leben zu treffen.

Unser Bauch entscheidet aus der inneren Weisheit heraus.

Unser Herz entscheidet aus dem inneren Gefühl, aus der Liebe heraus.

Und unser Kopf entscheidet aus den Erfahrungen, aus dem Verstand heraus.

Im violetten Licht werden diese drei Komponenten vereint, und wir sind in der Lage weise Entscheidungen zu treffen.

Entscheidungen, die wir mit unserem ganzen Sein getroffen haben – und die wir mit unserem ganzen Sein tragen können.

Entscheidungen, die immer zu unserem Wohle sein werden.

Und mit jeder Entscheidung, die wir aus dem inneren Dreiklang – im gemeinsamen Einklang – treffen, werden wir immer klarer unseren Weg vor uns erkennen und ihn voller Freude, Liebe und Zuversicht beschreiten.

Zu unserem Wohl – und als leuchtendes Beispiel für unsere Mitmenschen.

Und so wandern wir mit unserem Bewusstsein weiter bis zum Scheitelpunkt unseres Kopfes.

Dort am höchsten Punkt unseres Kopfes, erstrahlt das **Kronen-Chakra** in weißem, göttlichen Licht.

Wir fühlen mit unserem Bewusstsein hin, fühlen das Kribbeln im Zentrum unseres Kronen-Chakras, das dort oben in weißem oder perlmuttfarbenen Licht erstrahlt.

Hier oben strömt die göttliche Energie direkt aus dem Universum in uns ein und spendet uns damit die Kraft, unsere Körper, den physischen sowie alle feinstofflichen, zusammen zu halten.

Diese göttliche Kraft wandelt die Erdenergie in uns um in pure Lebenskraft – auf der geistigen Ebene. Und so vermischt sich die kräftige Energie der Erde in uns mit den feinen und auch mächtigen Energien des Kosmos – um uns über die Erfahrungen des Lebens zur Vollkommenheit, zur Einsicht und zur Weisheit zu führen und zu geleiten.

So wird jeder Tag, den wir aus unserer eigenen Kraft heraus im Sinne der göttlichen Führung leben, zu einer Bereicherung für uns und andere – und auch für die Schöpfung selbst.

Aus Erkenntnis wird Weisheit, aus Weisheit wird Geborgenheit, Seligkeit und Frömmigkeit.

Wir erkennen in diesem weißen, perlmuttfarbenen Licht die Bedeutung von Gewalt und Friedfertigkeit, die Bedeutung von Zerstörung und Schöpfung.

Wir erkennen die Wahrheit und die Wirklichkeit im Sinne der Schöpfung. Wir erkennen den Wert der Liebe.

Wir wissen, dass die göttliche Energie andauernd und ständig in uns strömt, weil Gott seine Schöpfung und auch uns liebt und erhalten will.

Und so wird es immer sein.

(Kurze Pause)

Und nun sehen wir, wie alle Farben noch einmal in uns erstrahlen:
Das rote Licht, das Orange, das Gelb – das Grün, Blau und Violett und wie sich diese Farben nun zu einem gemeinsamen **hellen weißen Licht** vereinen.
Unser ganzer Körper ist nun von hellem weißen Licht erfüllt, das teilweise perlmuttfarben glänzt.

Wir spüren in diesem hellen weißen, perlmuttfarbenen Licht die perfekte Integration unseres gesamten Wesens – Körper, Seele und Geist – in die Schöpfung, in das Universum.

Wir sind Eins mit der Schöpfung und wir erkennen, dass wir immer schon eins mit der Schöpfung waren – und dass wir auch in Zukunft immer Eins mit der Schöpfung sein werden.

Wir sind ein wichtiger Bestandteil der Schöpfung, wir werden von der Schöpfung getragen und tragen selbst auch zur Schöpfung bei.

In diesem Einklang sind wir jederzeit sicher in die Schöpfung integriert.

Wir erkennen, dass wir ein wichtiger Bestandteil des Ganzen sind, der notwendig ist, um das Universum mit seinen unendlich vielen Bestandteilen und Lebensformen vollständig zu machen.

Wir werden gebraucht – unser individueller Beitrag ist einer der vielen Teile, die in das große Ganze unverzichtbar eingebunden sind.

Wir wissen, dass unsere Existenz nur einen winzig kleinen Teil der Schöpfung ausmacht, dass unsere Sorgen innerhalb dieser gewaltigen Schöpfung nichts weiter als feinster Sternenstaub sind.
Und doch erkennen wir auch, dass unser individueller Beitrag zur Schöpfung von ganz besonderer Bedeutung für das Ganze ist.

Und das erfüllt uns mit großer Freude und Dankbarkeit.

Wir wissen – auch das Universum ist uns dankbar für unseren Beitrag.

Und so spüren wir allmählich wieder unseren physischen Körper, und wir wissen, dass wir unser inneres Licht in unser physisches Leben mitnehmen werden.

Wir wissen, dass alle Farben des Lichts immer in uns sind, und wir jederzeit jede einzelne Farbe in uns erleuchten lassen können.

Wir wissen, wo unsere Chakren, unsere Energiezentren in unserem Körper sitzen, wir wissen, wie wir sie erspüren können und wir kennen ihre Farben.

Wir können dadurch jederzeit alle Energien und jede Kraft unseres inneren Lichtes für uns nutzen – weil wir wissen, dass das innere Licht ein unvergänglicher Bestandteil unserer Existenz ist.

Wir spüren, dass es nun an der Zeit ist, in unser physisches Leben zurückzukehren.

So nehmen wir einen tiefen Atemzug, fühlen in unseren Körper hinein, bewegen die Finger und die Zehen.

Wir fühlen uns ausgeruht und wohl – mir einer neuen inneren Stärke und Freude.

Und mit diesem guten Gefühl dürfen wir nun die Augen öffnen.

Dann, wenn wir es wünschen, öffnen wir die Augen.

13 – Spiegelbild

Anmerkungen

Diese Meditation konfrontiert uns mit dem eigenen Spiegelbild, so wie wir uns selbst sehen.

Gerade in einem meditativen Zustand erhalten wir gerne besonders interessante und auch sehr aussagekräftige Bilder.

So ist es eine ganz besondere Erfahrung, wenn wir einmal – aus der Entspannung heraus – einen inneren Blick auf unser eigenes Spiegelbild werfen können.

Diese Übung erlaubt es uns, zu erkennen, wie wir selbst zu uns stehen – ob wir uns vorbehaltlos annehmen können oder ob es etwas gibt, was uns an uns selbst stört.

In jedem Fall kann uns diese Meditation helfen, uns selbst ein Stück weit näher zu kommen.

Text

Schließe deine Augen und atme ruhig und gleichmäßig.

Schließe die Augen und atme ruhig und gleichmäßig ein und aus.

Du spürst dabei die Luft, die in deine Nase einströmt und deinen Brustkorb hebt.

Du fühlst das gleichmäßige Heben und Senken des Brustkorbs – und mit jedem Atemzug entspannst du dich – mehr und mehr.

Vor deinem inneren Auge entsteht nun dein ganz persönlicher Ruheort.

Du siehst deinen ganz persönlichen Ruheort.

Du siehst dich um und siehst die brennende Kerze auf dem Nachttisch neben deinem Bett.

Geh nun zum Bett, setze dich darauf und dann leg dich auf das Bett hin.

Du lässt nun eine blaue Lichterdecke erscheinen und beobachtest, wie diese Lichterdecke ganz langsam über deine Füße hoch gleitet in Richtung Unterschenkel und bis zu den Knien.

Und du spürst, wie sich dabei deine Beine entspannen.

Je mehr die Lichterdecke deinen Körper hochsteigt, um so mehr entspannt sich dein Körper.

Die Füße, die Unterschenkel und die Knie.

Die Decke wandert weiter hoch und deine Hüften entspannen sich, dann auch dein Bauch – deine Hände und Unterarme – deine Oberarme, dein Brustkorb und schließlich – wenn die Decke dir bis über die Schultern reicht, dann sind auch deine Schultern angenehm entspannt.

Und du weißt – jedes mal, wenn die Decke an deinem Körper hoch gleitet, wirst du dich noch schneller und tiefer entspannen.

Du siehst nun die Decke, die deinen Körper von den Füßen bis zu den Schultern bedeckt.

Und du siehst, wie aus dem tiefen Blau und dem Funkeln der Sterne auf der Decke ein tiefes oder helles Violett wird.

Du siehst das Violett der Decke und dein Tagesbewusstsein lässt alle Gedanken los.

Die Gedanken ziehen weiter und dein Geist wird klar und rein.

Du wirst zu reinem Bewusstsein und deine Gedanken ziehen fort.

Du bist im Geiste klar und konzentriert – und völlig entspannt.

Auch dein Kopf ist nun völlig entspannt.

In dir breitet sich eine angenehme innere Ruhe aus und alle Geräusche werden von Dir wahrgenommen und lassen dich noch tiefer in die angenehme Entspannung gleiten.

Und so liegst du auf deinem Bett im Ruheraum und spürst die Entspannung in deinem Körper.

Und du weißt – es ist nun Zeit für eine innere Reise.

Du öffnest deine Augen auf dem Bett und blickst zum Nachtkästchen – wo die brennende Kerze für dich leuchtet.

Du setzt dich im Bett auf und nimmst die Kerze in deine Hand – dann stehst du auf und siehst dich im Zimmer um.

Genau so, wie du es möchtest, kannst du die Helligkeit der Kerze mit deinen Gedanken einstellen und du lässt die Kerze nun so hell leuchten, dass du den Raum gut erkennen kannst.

Schaue dich im Raum um.

Gegenüber vom Bett an der Wand siehst du eine Türe mit Rundbogen.

Du gehst nun näher an diese Türe heran und betrachtest dir diese Türe.

Wie sieht die Türe aus? – Sieh dir auch den Türgriff an – wie sieht er aus?

Du entschließt dich nun, diese Türe zu öffnen.

Du nimmst den Türgriff in die Hand und öffnest die Türe.

Du weißt, dass hinter der Türe innere Bilder auf dich warten, innere Erfahrungen und Erkenntnisse – und so schreitest du durch die Türe und schaust dich um.

Vor dir siehst du einen langen Gang mit vielen weiteren Türen.
Du gehst den Gang entlang, bis du an eine Türe kommst, vor der jetzt gerade eine angezündete Kerze in einer Halterung an der Wand brennt.

An der Türe ist ein Schild angebracht, auf dem steht geschrieben „Spiegelsaal".
Sieh dir diese Türe und auch das Schild mit der Aufschrift „Spiegelsaal" genauer an.

Vielleicht erkennst du Form und Farbe der Türe oder bestimmte Einzelheiten.

Diese Türe führt in einen Raum, der dich in deine Gegenwart bringt.
Es ist eine Türe, die dich zu dir selber führt.

Du entschließt dich, auch diese Türe jetzt zu öffnen und einzutreten in den Spiegelsaal.
Du öffnest die Türe und trittst ein – in den Spiegelsaal.

Du schließt die Türe hinter dir und siehst an einer Wand einen großen Spiegel, der so groß ist, dass du dich darin vollständig sehen kannst.
Du gehst zu diesem Spiegel und siehst dich darin an.

Betrachte dein Gesicht – wie sieht es aus? – Ist es ein freundliches Gesicht?

Sieht es glücklich aus? Ist es jung oder alt?

Gefällt dir dein Gesicht?

Und nun betrachte dir deinen Körper von oben nach unten.
Wie sieht dein Körper aus? Bist du schlank oder dick?
Bist du groß oder klein? – Gefällt dir deine Figur?

Wie sieht die Kleidung aus? – Sieh dir deine Kleidung an – dein Hemd oder deine Bluse und die Hose oder den Rock.

Wie sehen deine Schuhe aus? – Gefällt dir deine Kleidung?

Und nun betrachte dich komplett im Spiegel – dein Gesicht, deine Figur und deine Kleidung.

Gefällt dir dein Spiegelbild? – Wie stehst du zu dir selbst?

Gefällt dir, was du siehst?

Kannst du dich vollkommen so annehmen, wie du dich hier siehst?

Oder gibt es Dinge, die dir nicht gefallen?

Siehst du irgend etwas an dir, was dir nicht gefällt?

Fällt dir irgend etwas auf, was du an deinem Spiegelbild ablehnst, was du gerne ändern möchtest, was dich stört?

Oder kannst du dich mit all deiner Liebe – so wie du dich im Spiegel jetzt siehst – annehmen?

Betrachte dein Spiegelbild und erkenne, ob du dich selber ohne jede Bedingung liebst und annimmst.

Spüre deutlich hin – und jedes Gefühl, das jetzt in dir aufkommt ist völlig in Ordnung.

Es ist deine Entscheidung, wie du zu dir selber stehst – und du hast das Recht, ganz alleine zu bestimmen, wie du zu dir selber stehst.

Du hast das Recht, dich völlig anzunehmen oder dich – aus welchem Grund auch immer – ganz oder teilweise abzulehnen.

Beobachte und fühle einfach in dich hinein. – Lass alle Gefühle zu und erkenne, wie du zu dir selber stehst.

(Längere Pause)

Betrachte auch dein Inneres.

Wie stehst du zu dem, was du bisher in deinem Leben getan oder auch nicht getan hast?

Kannst du alle deine Taten annehmen oder gibt es Ereignisse in deinem Leben, für die du dich schämst, für die du dir Schuld und Verantwortung gibst und die dir nicht gefallen?

Ereignisse, an denen du deinen Anteil hattest und für die du dich selber jetzt ablehnst?

Beobachte sehr genau, ob du dich auch innerlich annehmen kannst – oder ob es Ereignisse in deinem Leben gibt oder gab, für die du dich ablehnst.

Beobachte deine Gedanken und erkenne, wie du zu dir stehst.

(Längere Pause)

Und dann frag dich, ob du dein Spiegelbild – so wie du es jetzt siehst – mit all dem, was dir gefällt oder was dich stört – ob du dieses Spiegelbild mit all deiner Liebe annehmen kannst.

Und jede Antwort ist in Ordnung. – Du hast das Recht, dich abzulehnen oder anzunehmen.

Du hast das Recht, Dinge für gut oder für schlecht zu befinden und ein Urteil über dich selbst zu fällen.

Es ist ganz alleine deine Entscheidung, wie du zu dir selber stehst.

Beobachte und erkenne nun, wie du zu dir selber stehst.

(Pause)

Und nun trete zwei Schritte vom Spiegel zurück – trete zurück vom Siegel und beobachte weiter.

Du siehst nun, wie dein Spiegelbild aus dem Spiegel heraustritt und einen Schritt auf dich zu geht. – Dann bleibt es vor dir stehen.

Dein Spiegelbild lächelt dich nun an.

Was fühlst du dabei? Beobachte deine Gefühle, wenn du siehst, wie dein Spiegelbild dich anlächelt.

(Pause)

Und nun kommt dir dein Spiegelbild noch einmal einen großen Schritt näher und umarmt dich jetzt.

Dein Spiegelbild nimmt dich in die Arme und hält dich. Es drückt dich an sich und flüstert dir ins Ohr: „Ich liebe dich!“

Wie fühlt es sich für dich an?

(Pause)

Du darfst dich nun völlig frei entscheiden, ob auch du dein Spiegelbild jetzt umarmen möchtest.

Du darfst dich völlig frei entscheiden, welche Gefühle du in dir selbst für dein Spiegelbild zulassen möchtest.

Alles ist in Ordnung. Lass es geschehen und beobachte, was geschieht und wie es sich für dich anfühlt.

(Pause)

Nun löst dein Spiegelbild sich aus der Umarmung und tritt wieder zurück in den Spiegel.

Du siehst, wie das Spiegelbild im Spiegel verschwindet – es löst sich darin vor deinen Augen auf.

Und du wünscht dich nun zurück in deinen Ruheraum.

Du wünscht dich zurück in deinen Ruheraum – und stehst wieder mit der Kerze in der Hand vor der Türe, durch die du zuvor gegangen bist.

Die Türe ist geschlossen und falls nicht – dann schließt du sie jetzt.

Dann stellst du die Kerze wieder zurück auf den Nachttisch – und bereitest dich darauf vor, in die physische Welt zurück zu kehren.

Du stehst in deinem Ruheraum und atmest kräftig durch.

Du fühlst dich wohl und entspannt, frisch und munter – und dann, wenn du es möchtest, öffnest du deine Augen und kehrst zurück in die physische Welt.

Dann, wenn du es willst, öffnest du deine Augen.

Literaturhinweise:

Dieter Heri Mader

Geisterjäger

ISBN-13: 978-3-980678I-6-2

Dieses Buch zeigt Phänomene auf, mit denen tagtäglich Menschen konfrontiert werden, die mitten unter uns leben.

Diese trauen sich oft nicht darüber zu sprechen – aus Angst, sie könnten ausgelacht oder für verrückt erklärt werden.

Spukerscheinungen und Poltergeister sind nichts Ungewöhnliches mehr, wenn man erst einmal verstanden hat, was hinter diesen oft gruseligen Begebenheiten tatsächlich steckt.

In diesem Buch finden Sie geistig-energetische Methoden, die praxistauglich sind und einem Spuk schnell ein Ende bereiten können.

Daneben vermittelt das Buch auch, wie man mit Hilfe von Verstorbenen sogar Heilarbeit leisten kann.

Tauchen Sie ein in die Welt der Wesen und Geister und lernen Sie, mit welchen geistig-energetischen Methoden wir auch auf der Ebene zwischen den Welten helfend tätig werden können.

Dieter Heri Mader

Geführte Meditationen

ISBN-13: 978-3-9806781-2-4

Dieses Buch beschreibt Schritt für Schritt, wie man Texte für geführte Meditationen selbst erstellen kann.

Es enthält zahlreiche praktische Tipps für die spirituelle Arbeit, so dass der Einstieg in die Welt der Meditation und Spiritualität sicher und ohne Risiken bewältigt werden kann.

Lernen Sie mit diesem Buch, eigene Vorstellungen kreativ und zielgerichtet in passende Meditationstexte umzusetzen.

Dieter Heri Mader

Die perfekte Scheidung

ISBN-13: 978-3-9806781-5-5

In diesem Ratgeber finden Sie die wesentlichen Meilensteine einer Trennung und Scheidung und es kann dabei helfen, wichtige Aspekte zu erkennen, um zu sinnvollen und zielführenden Entscheidungen zu gelangen.

Es ist sicherlich von großem Interesse, bei einer Trennung möglichst wenig Geld zu verlieren und auch auf lange Sicht eine möglichst positive finanzielle wie auch emotional befriedigende Lösung zu erreichen.

Dieses Buch bietet hierfür eine ganze Reihe praktischer Hinweise und Tipps.